Lo Que Aún Está Por Venir

KAY ARTHUR
PETE DELACY

MINISTERIOS
PRECEPTO
INTERNACIONAL

Excepto donde así se indique, las citas bíblicas incluidas en este libro son de la Nueva Biblia Latinoamericana de Hoy.
Copyright © 2005 by The Lockman Foundation Usadas con permiso. www.nblh.org

Excepto donde se indique, todos los mapas y cuadros en este libro, al igual que la sección de "Cómo Empezar" en la introducción, han sido adaptados y condensados de la *Biblia de Estudio Inductivo* © 2005

A NUEVA SERIE DE ESTUDIO INDUCTIVO
LO QUE AÚN
ESTÁ POR VENIR

ISBN 978-1-62119-173-5

Copyright © 2013 reservados todos los derechos. Ninguna parte de esta publicación puede ser reproducida, almacenada en un sistema de recuperación, o transmitida en cualquier forma o por ningún medio - electrónico, mecánico, digital, fotocopia, grabación u otros- excepto para breves citas en revisiones impresas, sin el permiso previo del editor.

Precepto, Ministerios Precepto Internacional, Ministerios Precepto Internacional Especialistas en el Método de Estudio Inductivo, la Plomada, Precepto Sobre Precepto, Dentro y Fuera, ¡Más Dulce que el Chocolate! Galletas en el Estante de Abajo, Preceptos para la Vida, Preceptos de la Palabra de Dios y Ministerio Juvenil Transform son marcas registradas de Ministerios Precepto Internacional.

2013, Edición Estados Unidos

CONTENIDO

Cómo empezar 5

Introducción a Ezequiel 13

Primera Semana
El Centinela en la Muralla 15

Segunda Semana
¿Puedes Salirte con la Tuya? 23

Tercera Semana
Icabod 31

Cuarta Semana
Ídolos del Corazón 39

Quinta Semana
¿Qué le Sucede a las Prostitutas? 45

Sexta Semana
A Fin de que Sepas que Yo soy el Señor tu Dios 51

Séptima Semana
La Ira de Dios 59

Octava Semana
Los Enemigos de Israel no Escaparán 65

Novena Semana
No Vuelvas a Egipto 73

Décima Semana
Malos Pastores, Buenos Pastores 79

Décimo Primera Semana
El Nuevo Pacto 87

Décimo Segunda Semana
   El Templo del Señor 95

Décimo Tercera Semana
   La Tierra Prometida 101

   Apéndice 109

   Notas 124

Cómo Empezar...

¡Leer instrucciones a veces es muy difícil y casi nunca algo agradable! Generalmente, todos queremos comenzar de inmediato; y solo cuando lo demás falla, entonces recurrimos a las instrucciones. Lo entendemos, pero por favor no comiences de esta manera, porque estas breves instrucciones ¡realmente son vitales para empezar el estudio de manera efectiva y te ayudarán inmensamente!

PRIMERO

Para estudiar Ezequiel necesitarás cuatro cosas además de este libro:

1. Una Biblia que puedas marcar, pues las marcas son esenciales. Una Biblia ideal para este propósito es la Biblia de Estudio Inductivo (BEI), porque su texto está presentado como una sola columna, con letras grandes y fáciles de leer, facilitando de manera ideal las marcas que debas hacerle. Además, sus amplios márgenes te permiten tomar pertinentes notas.

La BEI también incluye instrucciones para estudiar cada libro de la Biblia, pero no contiene comentarios acerca del texto, ni recopila ninguna posición teológica. Su propósito es enseñarte a discernir la verdad por ti mismo a través del método de estudio inductivo (las distintas gráficas y mapas de este libro han sido sacados de le BEI).

Debes saber que cualquiera sea la Biblia que uses, necesariamente tendrás que marcarla; lo cual nos lleva a lo segundo que necesitarás...

2. Un bolígrafo de cuatro colores y punta fina, o varios de distintos colores para escribir en tu Biblia (puedes conseguirlos en cualquier negocio de artículos escolares).

3. Lápices de colores.

4. Un cuaderno de redacción o uno común y corriente para escribir las asignaciones y observaciones.

SEGUNDO

1. Mientras estudias Ezequiel recibirás específicas instrucciones para cada día de estudio. Esto debería requerirte de 20 a 30 minutos diarios, pero si le dedicas más tiempo de seguro aumentarás tu intimidad con la Palabra de Dios y con el Dios de la Palabra.

Si estás llevando este estudio con una clase, y ves que te resulta un poco pesado, simplemente haz cuanto puedas. Siempre es mejor hacer poco que nada; y cuando se trata de estudios bíblicos, por favor no seas de las personas que lo hacen todo o no hacen nada.

Recuerda, siempre que te sumerges en la Palabra de Dios, entras en una batalla más intensa con el diablo (nuestro enemigo). ¿Por qué? Porque cada parte de la armadura del cristiano está relacionada con la Palabra de Dios; y nuestra única arma defensiva es la espada del Espíritu, la cual es la Palabra de Dios. Así que el enemigo quiere que tu espada esté desafilada. ¡Pero no le des ese gusto!

2. Cada vez que leas un pasaje bíblico, ejercítate en hacer las seis preguntas básicas: ¿Quién? ¿Qué? ¿Cómo? ¿Cuándo? ¿Dónde? ¿Por qué? Con ellas, puedes hacer preguntas como las que están a continuación:

¿De qué se trata el capítulo?

¿Quiénes son los personajes principales?

¿Dónde sucede este evento o enseñanza?

¿Cuándo sucede?

¿Por qué se está haciendo o diciendo?

¿Cómo sucedió?

3. Los lugares resultan ser de mucha importancia en varios libros de la Biblia, así que marcar las referencias geográficas de una manera que se distingan te será de gran ayuda. Nosotros las subrayamos con dos líneas verdes (porque el pasto y los árboles son verdes). Te hemos incluido algunos mapas en el apéndice para que puedas revisarlos.

4. Las referencias de tiempo también son muy importantes y deberías marcarlas de manera que puedan distinguirse fácilmente. Nosotros las marcamos dibujando un círculo como éste ◯ en el margen de la Biblia junto al versículo donde aparece la frase de tiempo. Si quieres puedes subrayar o colorear la referencia con un color específico.

5. A lo largo del estudio te pediremos que marques ciertas palabras clave (lo cual es el propósito de tener lápices o bolígrafos de colores). Si logras desarrollar el hábito de marcar tu Biblia, de seguro podrás mejorar tu estudio y recordar mucho más.

Una palabra clave es una palabra importante que el autor usa de manera repetida para comunicar su mensaje a los lectores. Algunas palabras clave aparecerán a lo largo del libro de Ezequiel; otras se concentrarán en capítulos específicos. Cuando marcas una palabra clave, también deberás marcar sus sinónimos (palabras con el mismo significado dentro del contexto) y pronombres (*yo, mi, me, mío; usted, tú, tu, tuyo, suyo; él, le, su, sus; ella, la, su; esto, suya; nosotros, nuestro, nuestros, nuestra, nuestras; ellos, los, las, se, su, sus, suyos, suyas...*) de la misma forma que marcaste la palabra clave. Además, debes usar una misma marca para una palabra y sus diversas formas (por ejemplo *juez, juicio y juzgar*). Más adelante, en tus asignaciones diarias, te iremos dando algunas sugerencias de cómo marcar palabras clave.

Puedes usar colores o símbolos (o combinaciones de ambos) para marcar las palabras y poder identificarlas fácilmente. Sin embargo, ten presente que los colores siempre son más fáciles de identificar que los símbolos (los cuales deben ser bastante sencillos). Por ejemplo, puedes dibujar un corazón alrededor de la palabra *amor* y colorearla por dentro de esta forma: **amor**.

Cuando marcamos las personas de la Trinidad (que no siempre tendremos que marcarlas) las coloreamos en amarillo y les dibujamos marcas color púrpura; al *Padre* un triángulo así: **Padre**. Al *Hijo* lo marcamos de esta forma: **Hijo**, y al *Espíritu Santo* así: **Espíritu**.

Marca las palabras clave de tal manera que puedas recordarlas fácilmente. El desarrollar un sistema de colores para marcar palabras clave a lo largo de tu Biblia te ayudará a reconocer instantáneamente donde se use cada palabra clave. Para llevar un registro de tus palabras clave, haz una lista de ellas en una tarjeta.

6. En el apéndice hemos incluido el cuadro PANORAMA DE EZEQUIEL. Cuando completes el estudio de un capítulo, registra el tema principal de ese capítulo en el cuadro junto al número del capítulo correspondiente. El tema principal de un capítulo será lo que el capítulo trate con mayor frecuencia. Podría ser un tema o una enseñanza en particular.

Si vas completando el cuadro PANORAMA DE EZEQUIEL, a medida que avanzas en tu estudio, para cuando termines tendrás una muy buena sinopsis de Ezequiel. Si tienes la Biblia de estudio inductivo podrás encontrar el mismo cuadro en las páginas 1308-1309. Si allí haces tus registros, siempre los tendrás listos como una valiosa referencia.

7. Comienza siempre tu estudio con una oración. Mientras haces tu parte al manejar la Palabra de Dios de forma correcta, siempre debes recordar que la Biblia es un libro divinamente inspirado; que las palabras que lees son la verdad, y que Dios te las dio para que puedas conocerlo a Él y a Sus caminos más íntimamente. ¡Éstas verdades son divinamente reveladas!

> "Pero Dios nos las reveló por medio del Espíritu, porque el Espíritu todo lo escudriña,

aun las profundidades de Dios porque entre los hombres, ¿quién conoce los pensamientos de un hombre, sino el espíritu del hombre que está en él? Asimismo, nadie conoce los pensamientos de Dios, sino el Espíritu de Dios" (1 Corintios 2:10-11).

Por lo tanto, pídele a Dios que te revele Su verdad, mientras Él te guía a toda verdad. De seguro Él lo hará si así se lo pides.

8. Cada día, luego que termines tu asignación, medita acerca de lo que hayas visto; y pídele a tu Padre celestial que te muestre cómo vivir de acuerdo a las verdades que acabas de estudiar. En ocasiones, según como Dios te haya hablado a través de Su Palabra, querrás escribir las siglas LPV (Lecciones Para la Vida) en el margen de tu Biblia para luego, lo más brevemente posible, anotar la lección para la vida que desees recordar.

TERCERO

Este estudio está diseñado para que diariamente tengas una asignación específica– de esta manera estarás día a día en la Palabra. Si realizas tu estudio de esta manera te beneficiarás más que si realizas todas las asignaciones de la semana en un solo día. ¡El estudiar durante toda la semana te dará la oportunidad de meditar diariamente en lo que vas aprendiendo!

El séptimo día de cada semana es distinto a los otros seis días. El séptimo día está diseñado para favorecer la discusión de grupo; sin embargo, también te será beneficioso en caso que estés estudiando este libro por tu propia cuenta.

El "séptimo día" es cualquier día de la semana en que elijas concluir tu estudio semanal. En ese día encontrarás uno o dos versículos para memorizar y GUARDAR EN TU CORAZÓN. También encontrarás un pasaje para LEER Y DISCUTIR que te ayudará a enfocarte en una verdad o verdades principales que se hayan estudiado en esa semana.

También hemos incluido Preguntas para Discusión o Estudio Individual con el propósito de ayudar a quienes usan este libro en la escuela dominical o en un grupo de estudio bíblico. El contestar estas preguntas te ayudará a aplicar a tu propia vida la verdad que vas descubriendo, aún si no estás estudiando con alguien más.

Si eres parte de un grupo, asegúrate que cada miembro de la clase, incluyendo el maestro, justifique sus respuestas y observaciones usando únicamente el texto bíblico. De esta manera estarás manejando la Palabra de Dios con fidelidad. Y, a medida que aprendes lo que el texto dice y compares Escritura con Escritura, podrás ver que la Biblia se interpreta a Sí misma.

Examina siempre lo que vayas comprendiendo observando cuidadosamente el texto para ver lo que dice. Y luego, antes de decidir lo que significa el versículo, asegúrate que lo estás interpretando de acuerdo a su contexto. La Escritura nunca se contradice, y si alguna vez pareciera contradecir al resto de la Palabra de Dios, entonces puedes estar seguro de que algo está siendo interpretado fuera de contexto. En caso de encontrarte con un versículo difícil de entender, reserva tu interpretación para cuando puedas estudiarlo con mayor profundidad.

El propósito del "Pensamiento para la Semana" es compartir contigo el elemento que consideramos como importante para tu semana de estudio. Hemos incluido esta sección para que la evalúes y esperamos que sea para tu edificación; de seguro te ayudará a ver cómo caminar de acuerdo a lo que has aprendido.

Los libros de la Nueva Serie de Estudio Inductivo son cursos con un enfoque en la observación general. Si deseas un estudio más profundo sobre un libro de la Biblia en particular, te sugerimos que sigas un estudio de Precepto Sobre Precepto. Puedes obtener más información sobre estos cursos comunicándote con Ministerios Precepto Internacional al 800-763-8280 o visitando nuestra página www.precept.org. O llamando a la oficina en tu país.

Ezequiel

Introducción a Ezequiel

En el año 622 a.C., durante el reinado del rey Josías de Judá, los sacerdotes que estaban limpiando el templo encontraron el libro de la ley; el cual había sido ignorado y eventualmente perdido debido a la idolatría de los reyes, sacerdotes y de la gente de generaciones anteriores. En el libro de Deuteronomio, Dios le había dicho a Israel que cuando la gente tuviera un rey, el tendría que hacer una copia de la ley y leerla diariamente; pero no fue así... ¡y casi 800 años más tarde, la Palabra de Dios había estado perdida en el templo!
Cuando el joven rey Josías se enteró del libro de la ley, del Pacto de Dios con Su gente, y de la respuesta de la nación, lloró y rasgó sus ropas en profunda pena y angustia a causa del horrible pecado de Judá. El sabía que la ira de Dios ardía contra la idolatría de la gente; por lo tanto, determinó purgar a Judá de sus ídolos, cambiar la cultura de su época y guiarlos en el camino para servir a Dios y cumplir Sus mandamientos. De esta manera comenzó un avivamiento; lamentablemente, él no viviría para verlo cumplido, y la profetisa Hulda le dijo a Josías que después de su muerte Dios traería juicio sobre Judá puesto que ellos lo habrían abandonado. La idolatría se había enraizado en sus corazones, a pesar de las reformas externas producidas durante el reinado de Josías.
Dios usó a Asiria para juzgar al reino del norte – Israel, la hermana de Judá – llevándose de la tierra prometida a sus diez tribus durante los años 732-722 a.C. A pesar de

esto, Judá no aprendió de lo sucedido a Israel; al contrario, su idolatría continuó, y pusieron toda su confianza en su poder militar, alianzas políticas y en su templo. Al mismo tiempo Babilonia iba surgiendo, reemplazando a Asiria como poder dominante; frente a esto Egipto trató de colaborar con Asiria contra Babilonia, y Josías murió en aquella batalla contra Egipto. Entonces, el faraón de Egipto destituyó a Joacaz (el hijo de Josías) después de solo tres meses de haber reinado y colocó a Eliaquim (otro hijo de Josías) en el trono, cambiando su nombre a Joacim, haciendo de Judá una marioneta en sus manos. Sin embargo, esta situación no permaneció bajo el Dios que establece a los reyes y reinos; fue así que Babilonia derrotó a Asiria y persiguió a Egipto hacia el sur. Al llegar a Jerusalén en el año 605 a.C., hicieron de Joacim su sirviente y tomaron cautivos a algunos jóvenes nobles, incluyendo a Daniel y tres amigos que conocemos como Sadrac, Mesac y Abed Nego. Joacim logró reinar hasta su muerte en el 597 a.C., y su hijo Joaquín tomó el trono.

Los babilonios volvieron a atacar a Jerusalén tan solo tres meses después que Joaquín comenzara su reinado, llevándolo como prisionero a Babilonia junto con sus esposas, su madre, sus oficiales y un total de 10.000 personas (incluyendo a un joven llamado Ezequiel). Por aquel entonces, Ezequiel era un sacerdote que no llegaba a los treinta años de edad, lo cual era un requisito necesario para servir en el templo. Ezequiel cumpliría con ese requisito a los cinco años de estar en su cautiverio en Babilonia.

En el año 586 a.C., después de la tercera toma de Jerusalén, el templo sería destruido y no se volvería a reconstruir hasta después de 70 años. Ezequiel no tuvo oportunidad de servir como sacerdote en el templo en Jerusalén, pero sirvió a Dios como un profeta desde Babilonia, trayendo el mensaje de Dios a los exiliados — y a ti y a nosotros.

En el apéndice encontrarás un cuadro llamado LOS PRÍNCIPES Y PROFETAS DE LA ÉPOCA DE EZEQUIEL, que te ayudará a través del estudio de Ezequiel.

PRIMERA SEMANA

El Centinela en la Muralla

¿Se avecinan problemas? ¿Hay peligro inminente – algo en el horizonte que podría deletrearse como "desastre"? Entonces Dios llamó a Ezequiel para que sonara la alarma, para que advirtiera de la inminente condenación, para que salvara a quienes se arrepentirían. Dios también le advirtió a Ezequiel las consecuencias que vendrían de no dar la alarma y si la gente no le prestaba atención. ¿Y tú? ¿Darás la alarma? ¿Prestarás atención?

PRIMER DÍA

Cuando estudias la Biblia, la mejor forma de comenzar es haciéndolo con una oración. La verdad espiritual se discierne espiritualmente, así que pídele a Dios que te ayude a ver y entender Su verdad a través del Espíritu Santo, el cual mora en todos los creyentes. Nosotros podemos enseñarte técnicas para estudiar la Biblia, pero nunca podrán reemplazar a la oración.

Lee los tres primeros versículos de Ezequiel. ¿Qué tipo de libro o de literatura es? Probablemente ya notaste que Ezequiel tuvo visiones y que la Palabra del Señor vino a él. Estos detalles son precisamente los que caracterizan a la profecía; y estamos embarcándonos en un estudio de la profecía – del mensaje de Dios acerca del futuro dado a través de un vocero. Recuerda que el profeta simplemente es un mensajero; que el mensaje es plenamente de Dios.

¿Cuándo vino aquel mensaje? Marca las referencias de tiempo con un color distintivo o con un círculo. "El quinto año del destierro del rey Joaquín" tiene que haber sido en el 593 a.C., porque el rey fue llevado cautivo a Babilonia en el 597 a.C., junto con Ezequiel y las otras 10.000 personas. Para las culturas antiguas el año no comenzaba en invierno como ocurre con nosotros; para ellos comenzaba en la primavera, cuando la nueva vida comienza, o en el otoño cuando es el tiempo de la cosecha. A lo largo de tu estudio te será muy útil consultar el cuadro EL CALENDARIO JUDÍO que encontrarás en el apéndice.

¿Dónde estaba Ezequiel? El texto nos dice que él estaba con los desterrados, junto al río Quebar en tierra de los caldeos. Caldea era una región de Babilonia, y en el apéndice la encontrarás en el mapa titulado LOS DESTERRADOS DE JUDA EN BABILONIA.

Hemos comenzado a preguntarle al texto las seis preguntas básicas, y ahora sabemos *cuándo, dónde* y a *quién* se dirige el mensaje. También sabemos que el autor era un sacerdote; y la frase "El año treinta" posiblemente se refiera a su edad – edad en la que, de acuerdo a Números 4:3, estaría calificado para trabajar en el templo como sacerdote.

Pero, ¿cuál es el mensaje y para quién es? Y, ¿por qué entregó Dios este mensaje? Estas preguntas serán las que enmarquen nuestro estudio de la profecía de Ezequiel; y encontraremos las respuestas observando las palabras y frases clave – lo que el autor enfatiza repitiéndolo. A lo largo del libro de Ezequiel tendrás que marcar muchas de estas palabras y frases, así que regístralas y márcalas de la misma manera en una tarjeta pequeña como señalador para que puedas usarla como referencia. Hacer esto te ayudará a marcar todo de forma consistente en todos los capítulos, y te ahorrará mucho tiempo.

En los tres primeros versículos ya has visto dos frases que son clave en el libro – "la palabra del Señor fue dirigida" y "vino sobre él la mano del Señor". También encontrarás algunas variantes de estas frases; subraya o sombrea cada una de un color que se distinga a través de todo el libro y colócalas en tu señalador.

Ahora lee el resto de Ezequiel 1. ¿Qué sucede en este capítulo? ¿Qué vio Ezequiel? ¿Cuáles son las figuras principales?

Lee otra vez el capítulo 1 y marca *seres vivientes, rueda(s), y uno con apariencia de hombre*.[1]

No hace falta que agregues estas palabras a tu separador ya que no las verás otra vez en el libro. Tómate el tiempo necesario para que puedas asimilar la escena.

SEGUNDO DÍA

Puede que seas del tipo de personas que disfruta de los dibujos, entonces considera como opción el dibujar los personajes de Ezequiel 1; o tal vez seas de los que aprenden mejor haciendo una lista de las características de cada personaje. Como sea, elige tu método y úsalo. Estas criaturas son realmente fantásticas, ¿verdad?

Ahora determina un tema para este capítulo (de qué se trata) y anótalo en el cuadro PANORAMA DE EZEQUIEL en el apéndice.

TERCER DÍA

Ezequiel 2 solo tiene diez versículos, pero cada uno de ellos es muy importante. En el tiempo de Ezequiel no había ninguna división entre los capítulos 2 y 3, así que combinaremos estos capítulos en el estudio de hoy.

No olvides empezar tu estudio con oración (recuerda que así tienes acceso al Autor, y Él realmente quiere que tú sepas, entiendas y vivas de acuerdo a cada palabra que sale de Su boca). Entonces, lee nuevamente el capítulo 2 y presta atención a quién está hablando a Ezequiel. También observa cómo se le llama a Ezequiel. Agrega esta frase a tu señalador y márcala en forma distintiva. Marca también *oír* y *rebelde*.

Lee Ezequiel 3:1-11. ¿Viste para quién es el mensaje y cómo se le describe? Haz tres listas en tu cuaderno y registra lo que aprendes acerca del que habla, de Ezequiel, y de quienes debían recibir el mensaje.

Ahora lee Jeremías 1:17-19 e Isaías 6 y compáralos con Ezequiel 2:6-3:11. ¿Qué piensas acerca de la misión del profeta? Jeremías y Ezequiel eran contemporáneos; Isaías profetizó antes que ellos, así que podemos asumir que Ezequiel sabía acerca del llamado de Dios a Isaías y Jeremías y de las dificultades que ellos encontraron.

Haz una lista de lo que aprendiste al marcar las palabras escuchar y rebelde.

El mirar las dificultades que enfrentaron estos profetas, ¿cómo te desafía con respecto al ministerio que Dios te ha dado como un miembro del cuerpo de Cristo?

Ahora determina el tema de Ezequiel 2 y anótalo en el apéndice en el cuadro PANORAMA DE EZEQUIEL.

CUARTO DÍA

Comencemos hoy donde nos quedamos ayer, en Ezequiel 3. Aún no te hemos pedido que marques las referencias a *Dios* (que a veces son muchas), así que comienza a marcarlas únicamente donde creas que son realmente importantes. Puedes representar a Dios Padre con un triángulo púrpura sombreado en amarillo. Ya has visto un par de referencias al Espíritu, y ahora verás algunas más; por lo tanto, te conviene marcar estas referencias para después volver y hacer una lista de lo que aprendes acerca del Espíritu – de lo que hace y cómo trabaja.

Vuelve a Ezequiel 1:1-3 y 3:11 y marca las referencias a Dios.

Lee Ezequiel 3:12-15, marcando las palabras clave incluidas en tu señalador. Fíjate en el lugar y la frase de tiempo. Como regla general nosotros subrayamos con doble línea de color verde los lugares que puedes ubicar en un mapa.

¿Qué aprendiste? ¿Notaste la referencia a *la gloria del Señor*? Esta frase aparece al principio del libro y vale la pena marcarla. Vuelve a Ezequiel 1:28 y márcala allí también.

QUINTO DÍA

Hoy lee Ezequiel 3:16-27 y marca las palabras clave y las frases que se encuentran en tu separador. Marca también *advierte,*[2] *impío,*[3] *iniquidad,*[4] *(pecado),* pero no los agregues a tu separador.

Haz una lista de las responsabilidades del centinela. ¿Qué se le ordena que haga y por qué? ¿Cuáles son las consecuencias si desobedece?

Lee Génesis 9:5-6, ¿cómo se relaciona con Ezequiel 3?

Ahora lee Hechos 18:1-6 y 20:26-27. ¿A qué se refiere Pablo en estos pasajes? ¿Ves alguna conexión con Ezequiel 3:17-21?

¿Cuáles son las dos formas en que un hombre puede responder a la advertencia dada por el centinela? ¿Qué le sucede al centinela que no advierte al impío de su maldad?

¿Qué dice Dios a Ezequiel que haga en los versículos 3:22-27? Interroga al texto con las seis preguntas básicas. ¿A dónde le ordena Dios que vaya? ¿Qué debe hacer Ezequiel? ¿Qué le dice Dios? ¿Qué ve Ezequiel? Piensa en estas cosas y anota el tema de Ezequiel 3 en el PANORAMA DE EZEQUIEL.

SEXTO DÍA

Pensemos hoy en la aplicación; porque no es suficiente observar y entender el mensaje que Dios le dio a Ezequiel, también necesitamos aplicar estas verdades hoy en día a nuestras vidas.

De hecho, puedes profundizar tu estudio identificando lecciones para tu vida, y anotándolas en tu cuaderno, en un diario o al margen de tu Biblia.

Repasemos Ezequiel 1. Ezequiel fue un sacerdote que no llegó a servir en el templo. ¿Cómo se habrá sentido por eso? ¿Cómo respondió al llamado de Dios, cuando este llamado no era lo que describía la ley de Moisés con respecto al sacerdocio? ¿Qué aprendes de esto para tu vida?

¿Cuán serio era el llamado de Ezequiel, y cuán difícil sería su misión? ¿Tomas el llamado que Dios te hace tan en serio como Ezequiel lo tomó?

Cuando la gente rechaza la palabra de Dios – la verdad que has compartido con ellos para ayudarles a evitar el desastre ¿A quién rechazan en realidad? ¿Cómo te impulsa esto a perseverar?

¿Encuentras algún paralelo entre las responsabilidades del centinela en la muralla y el evangelismo de hoy? Si es así, ¿cómo te motiva esto a compartir el evangelio?

Recuerda, todos los cristianos son llamados a hacer discípulos. Lee Mateo 28:19-20 y medita sobre ese texto. Piensa acerca de estas cosas y pídele al Padre que te de fuerzas para perseverar en tiempos difíciles. Pídele que te muestre cómo debes proceder en el ambiente en que Él te ha colocado.

SÉPTIMO DÍA

Guarda en tu corazón: Ezequiel 3:17
Lee y discute: Ezequiel 1-3

Preguntas para la Discusión o Estudio Individual

- Discute sobre el lugar donde se desarrolla Ezequiel 1-3. ¿Quién es rey de Judá, y cuál es el contexto histórico?

- Discute acerca de la visión. Enfócate en lo que está claro, y si tienes preguntas sin contestar, anótalas para estudiarlas más adelante.

- Discute lo que significa en tu vida ser el centinela en la muralla.

- ¿Qué aprendiste acerca del llamado que Dios le da a Ezequiel? ¿Cómo puedes aplicarlo en tu vida?

- ¿Qué aprendiste acerca de hablar el mensaje de Dios?

Pensamiento para la Semana

Dios llamó a Ezequiel como centinela en la muralla en beneficio de su gente. En la antigüedad tales centinelas eran vigilantes cuyo deber principal consistía en vigilar por si alguien se acercaba a su ciudad. Generalmente ellos solo reportaban lo que veían, y las autoridades decidían qué hacer. Por ejemplo, en 2 Samuel 18:24-27, el centinela en la muralla reportó lo que vio al rey David. Ni siquiera el rey podía garantizar lo que sucedería: de acuerdo con el Salmo 127:1 "...si el Señor no guarda la ciudad, en vano vela la guardia".

Ezequiel no vigilaba en la muralla física de una ciudad, pero tenía la misma obligación de quienes lo hacían. Él se fijaba en el peligro espiritual y lo advertía a la gente de Dios que estaba en el exilio. El peligro siempre es algo específico – y cuando Dios declara que el impío morirá debido a su iniquidad, el centinela entonces debe prevenir a la gente.

Dios dice que si los impíos abandonan sus caminos de maldad, entonces vivirán; pero si Ezequiel fallaba en advertirles y ellos morían siendo pecadores, entonces Ezequiel sería responsable de sus muertes. A pesar de que él personalmente no los habría matado, el hecho de no haberles advertido era igual que haberlos matado. Génesis 9:5-6 establece el principio según el cual Dios exige la vida de aquellos que matan a un hombre, así que la responsabilidad de Ezequiel no era algo nuevo; se encontraba cimentada en el hecho de que la vida de un hombre es sagrada porque Dios lo creó a Su imagen.

El mandato también está originado en la santidad de Dios y en la santidad de Su gente como reflejo de Él – ellos deben ser santos así como Él es santo. Por lo tanto, cuando la gente de Dios es impía, le está dando al no creyente una incorrecta visión de Dios. La gente del pacto de Dios debe adorarle, y la adoración es un estilo de vida; nuestra vida demuestra nuestra adoración a Dios.

Así que la misión de Ezequiel de ser un centinela era muy seria – era un asunto de vida o muerte. Y la consecuencia de no cumplir con esa misión también era muy seria – pues sería culpable de la muerte de aquellos que mueren en sus pecados, por no haberles advertido. Pero el otro lado de la moneda también era importante; si Ezequiel les advertía, y ellos le ignoraban y morían en sus pecados, entonces él no sería culpable de su muerte.

Todo esto es en extremo importante, porque nosotros también somos centinelas. El paralelo existente es con el evangelismo, con compartir el evangelio a los que están perdidos. En el libro de Romanos, Pablo nos dice que todos (desde Adán) han pecado y que la paga del pecado es muerte; pero que el regalo de Dios es vida eterna. Así que, ¿cómo se compara el compartir este mensaje con el deber de Ezequiel de ser un centinela? Si se corre algún peligro asociado con el rechazo del evangelio y no lo compartimos, entonces seremos culpables. Con respecto a nuestra responsabilidad, no importa cómo la gente responda; pues eso no es responsabilidad del centinela. Si ellos no nos escuchan, estaremos libres de culpa y ellos morirán en pecado.

¿Acaso nuestro mensaje debería ir más allá de la predicación del evangelio? Debemos considerar que, después de todo, el mandato de Dios para Ezequiel incluyó advertir también a los justos que se desviaban de la justicia. ¿Y la gente de Dios, cae a veces en pecado? ¿Cuál es nuestra responsabilidad para con ellos? Ellos también necesitan ser advertidos para que dejen el camino pecaminoso; sus recompensas están en peligro, y el centinela llevará parte de culpa si no les advierte para que vuelvan a los caminos de justicia.

¿Qué significa el ejemplo de Ezequiel para tu vida? ¿Eres un centinela? ¿Deberías serlo? ¿Qué te está diciendo Dios?

SEGUNDA SEMANA

¿Puedes Salirte con la Tuya?

¿Puede el amor hacerse de la vista gorda frente a la desobediencia? Si alguien realmente te ama, ¿te dejará que hagas lo que quieras o te pedirá cuentas de tus acciones? Dios ama a Judá - ¿entonces los disciplinará? Dios te ama - ¿entonces te disciplinará?

Primer Día

Esta semana cubriremos cuatro capítulos. Y aunque avanzaremos un poco más rápido, la cantidad de tareas será razonable. Lee hoy Ezequiel 4, marcando las palabras clave incluidas en tu separador. Recuerda que debes hacer las seis preguntas básicas mientras estás leyendo el texto.

¿Cuáles son las dos principales cosas que Dios le pidió a Ezequiel que hiciera? En tu cuaderno haz una lista de datos concretos concernientes a cada una – "construye esto", "acuéstate así", etc. Ahora lee esa lista y plantea las seis preguntas. ¿Por qué hizo Ezequiel estas cosas? ¿Estas acciones, cómo serían una señal para Israel?

Lee 2 Reyes 25:1-3 y 2 Crónicas 36:11-21. ¿Qué sucedería en el 586 a.C. y por qué? ¿Cómo se relacionan las señales en Ezequiel con los eventos venideros?

Lee también Levítico 22:1-8 y Deuteronomio 23:12-14.

¿Cómo te ayudan estos versos a entender la preocupación de Ezequiel por lo que tenía que comer y cómo debía de prepararse?

Finalmente, discierne el tema de Ezequiel 4 y anótalo en el PANORAMA DE EZEQUIEL.

SEGUNDO DÍA

¡Continúan las señales! Hoy lee Ezequiel 5 marcando las palabras clave que están en tu separador.

Ahora haz una lista en tu cuaderno de lo que le pasará a Judá y por qué. ¿Cómo se relacionan los capítulos 5 y 4?

Este capítulo es profecía. Recuerda que Ezequiel fue llevado cautivo en el 597 a.C. y que esta profecía corresponde al 593 a.C. (su realización llegó con el estado de sitio en el año 586 a.C.) ¿Cuán segura es la Palabra de Dios? Estudiemos algunas referencias cruzadas para verlo. Lee los siguientes versículos tomando las notas pertinentes.

Deuteronomio 28:49-57

Jeremías 19:3-9

Lamentaciones 19:3-9

Deuteronomio fue escrito antes que los israelitas entraran en la tierra prometida. Jeremías profetizó antes y después de la toma babilónica de Jerusalén, y Lamentaciones fue escrito después de la captura y destrucción de Jerusalén y su templo.

¿Qué aprendiste de Dios y Su Palabra en los versículos de arriba?

Finalmente, pensando en todo lo que has visto hoy, ¿cuál es el tema principal de Ezequiel 5? Anota ese tema en el PANORAMA DE EZEQUIEL.

TERCER DÍA

Lee Ezequiel 6 y marca las palabras clave de tu separador. Marca las referencias a idolatría como *altar, lugares altos* e *ídolos*. Hay dos palabras adicionales que también son importantes en Ezequiel 6, pero no necesitas agregarlas a tu separador porque solo se usan una vez – *corazón* y *remanente*.[5] Haz una lista de lo que aprendes acerca del corazón y el remanente.

Veamos otras referencias cruzadas para aumentar nuestro entendimiento del mensaje de este capítulo. El Antiguo Testamento menciona la palabra remanente muchas veces y en distintos contextos. En Ezequiel 6, aprendemos que la destrucción que viene no eliminará el remanente. Lee también Zacarías 8:6-13.

Esta es la clave para entender lo que significa remanente: Dios mantiene el pacto que hizo con Israel, Su pueblo. Así que Él no acabará con ellos. Por medio de Su purificadora obra de limpieza, siempre habrá un remanente. Pero no todos se volverán a Él. Lee Zacarías 13:8-9.

Lee otra vez Ezequiel 6:9, considerando la relación que Dios tiene con Su pueblo (Israel), y revisa después las siguientes referencias cruzadas:

Deuteronomio 9:4-5

Deuteronomio 10:12

Deuteronomio 11:11-17

Deuteronomio 30:1-6

Jeremías 31:31-33

Considera lo que dice Dios a través de Ezequiel con respecto al corazón. Veremos mucho más sobre este tema más adelante en Ezequiel; y lee también en el Nuevo Testamento Colosenses 3:5.

Finalmente, determina el tema de Ezequiel 6 y anótalo en el PANORAMA DE EZEQUIEL.

CUARTO Y QUINTO DÍA

Ezequiel 7 es un poco más largo, así que lo estudiaremos durante dos días. Lee Ezequiel 7 y marca las palabras y frases de tu separador, como ya lo has venido haciendo. Marca *fin* y sus sinónimos, pero no los agregues a tu separador. Recuerda que la cuidadosa observación es clave para una apropiada interpretación. No sabrás lo que algo significa, hasta que no sepas lo que dice.

Ahora haz una lista de lo que aprendes acerca del fin. ¿Qué sucederá? ¿A quién? ¿Por qué? ¿Cuándo ocurrirá? No te apresures en hacer esta lista. En el proceso tal vez notes que se repiten algunas palabras clave o frases nuevas; entonces vuelve y márcalas. Eso es muy usual, porque una cosa lleva a la otra a medida que el texto se va haciendo más claro.

Piensa en el mensaje de Ezequiel 6 y en todas las referencias cruzadas que hayas visto. Vuelve a leerlas si es necesario. ¿Cómo encaja este mensaje con todo lo demás?

Finalmente anota el tema del capítulo 7 en el PANORAMA DE EZEQUIEL.

SEXTO DÍA

Al igual que en la semana pasada, dediquemos nuestro último día para meditar sobre la aplicación para nuestras vidas. A pesar que el mensaje de Ezequiel era dirigido a su pueblo, particularmente de ese tiempo, incluye también valiosas lecciones para nuestras vidas hoy en día. 1 Corintios 10:6 dice que estas cosas sucedieron como ejemplo para nosotros, para nuestra instrucción; y Romanos 15:4 añade que son para nuestro ánimo y esperanza. Así que cuando estudiamos el Antiguo Testamento, buscamos principios que puedan aplicarse en todos los tiempos – principios eternos.

Revisemos el juicio de Dios sobre el antiguo Israel para ver cómo se compara con Su relación con la iglesia de hoy. Lee los siguientes versículos:

Romanos 14:10-12

1 Corintios 11:31-32

2 Corintios 5:10

Hebreos 9:27

Hebreos 12:4-11

1 Pedro 4:17-18

¿*Esperas* ser juzgado? ¿Qué relación hay entre juicio y disciplina? ¿Por qué disciplina un padre a su hijo? ¿Por qué disciplina Dios a Sus hijos? ¿Cómo se aplica esto en tu vida aquí en la tierra?

Ha sido una semana muy intensa, ¿verdad? Alaba al Señor por la oportunidad que tenemos de pasar tanto tiempo con Él y con Su incomparable palabra.

SÉPTIMO DÍA

 Guarda en tu corazón: Ezequiel 6:10
Lee y discute: Ezequiel 4:1-8; 5:1-13; 6:1-14; 7:1-4, 14-22

PREGUNTAS PARA LA DISCUSIÓN O ESTUDIO INDIVIDUAL

∾ Describe cada una de las señales que hizo Ezequiel y discute los mensajes que Dios trató de comunicarles a través de ellas.

∾ Discute la justicia del juicio de Dios sobre Israel. Describe lo que Dios esperaba de Su gente y lo que ellos hicieron.

- ¿Qué espera Dios de nosotros? ¿Qué espera Él que la disciplina produzca en nosotros? ¿Cómo se diferencia Su disciplina hacia nosotros, de la de Israel? ¿Cómo se asemejan?

- ¿Qué cosas en nuestras vidas pueden ser ídolos hoy en día? ¿Hay cosas que pones antes que Dios? Deja tiempo aquí para compartir.

Pensamiento para la Semana

Hebreos 12:4-11 nos recuerda que los padres expresan el amor por sus hijos disciplinándolos. Y puesto que los niños no hacen todo lo que sus padres les dicen que hagan, no disfrutamos siendo disciplinados, pero el proceso tiene en sí la intención de corregirnos. Nuestros padres terrenales quieren que participemos de las bendiciones de una vida correcta; quieren que desarrollemos las características y hábitos que nos llevarán a una vida tranquila, agradable y productiva.

Si nuestros padres terrenales conocen al Padre celestial, los principios que nos infunden reflejarán los principios de Él; pero muchos de nosotros no tenemos padres que reflejen el amor, sabiduría y carácter de nuestro Padre celestial. ¿Entonces qué?

Las buenas noticias son que todos tenemos la Palabra del Padre para enseñarnos Sus caminos. Eso es la Biblia – la propia revelación de Dios para nosotros. Nosotros tenemos acceso a Él a través de las Escrituras que sus santos siervos, los autores de los 66 libros de la Biblia, nos han dejado como herencia. Entonces, tenemos algo así como un manual para la crianza de los hijos dado directamente por el Padre de todos los padres.

¿Y qué nos dice nuestro Padre? Que contemos con la disciplina, el castigo y el juicio de nuestros pensamientos y acciones cuando no reflejen Su estándar. El escritor de

Hebreos lo pone de esta forma en 12:10 "Porque ellos [nuestros padres terrenales] nos disciplinaban por pocos días como les parecía, pero El nos disciplina para nuestro bien, para que participemos de Su santidad."

¡Qué extraordinario! ¡Podemos compartir Su santidad! Dios le dijo a Israel en Levítico 11:45 "serán, pues, santos porque Yo soy santo". Y Pedro afirmó esto en 1 Pedro 1:16 mientras explicaba el comportamiento correcto – el cómo vivir y cómo no vivir. Dios quiere que compartamos de Su santidad, lo cual es muy difícil de comprender. La santidad de Dios sobrepasa tanto a la nuestra, que no podemos entender totalmente el hecho de que la compartamos.

Pero aquí vienen las buenas noticias. Él nos ayuda a llegar a donde necesitamos llegar, así como cualquier buen padre lo haría. A través del sacrificio de Jesucristo, todos nuestros pecados – pasados, presentes, futuros, los de Adán y los nuestros – son puestos en la cruz. "[Dios] Lo hizo pecado por nosotros, para que fuéramos hechos justicia de Dios en Él" (2 Corintios 5:21). Entonces Dios nos dejó alguien para que nos ayudara, el Espíritu Santo, para darnos poder, enseñarnos y recordarnos Sus caminos.

Y a pesar que tenemos el mejor Maestro y el mejor manual de instrucciones, no seremos perfectamente obedientes. Nosotros acarreamos la naturaleza caída de Adán y pecamos, y esto continuará hasta que Jesús nos perfeccione en Su día (Filipenses 1:6). Así que nuestro Padre divino y cariñoso, que desea que compartamos Su santidad, nos disciplinará para mostrarnos el error de nuestros caminos y colocarnos en la vía correcta de santidad. Él juzgará todo lo que hagamos filtrándolo a través de sus amorosos dedos.

Dios continúa haciendo esto hoy; y nos da las cosas necesarias para crecer en la imagen de Su Hijo, Jesús, en esta vida y en la próxima cuando estemos frente a Él. Dios juzga perfectamente, y Sus juicios son completamente justos porque Él es justo. Pero Él también es misericordioso, al no darnos el castigo que merecemos, y está lleno de gracia, dándonos bendiciones que no merecemos. Él es misericordioso y lleno de gracia en Su amor y disciplina.

Por todas estas cosas, podemos estar eternamente agradecidos.

TERCERA SEMANA

ICABOD

En los días de los jueces, los filisteos pelearon contra Israel y capturaron el arca del pacto. Elí y sus hijos, Ofni y Finees –todos ellos sacerdotes– murieron. Y la esposa de Finees, quien estaba por dar a luz, cuando escuchó estas terribles noticias entró en trabajo de parto y dio a luz un niño a quien llamo Icabod (sin gloria); porque dijo: "Se ha ido la gloria de Israel". Muchos años después, el rey Salomón construiría un hermoso templo que fue lleno por la gloria de Dios. Pero, ¿la gloria de Dios se quedó para siempre en el templo de Salomón o desapareció de Israel?

PRIMER DÍA

Nos sentimos muy agradecidos de que hayas decidido estudiar la Palabra de Dios por ti mismo, para así aprender a estar firme en Él en estos difíciles últimos días. La Biblia nos dice que de seguro podemos esperar tiempos difíciles, en que los hombres rechazarán la verdad, y que debemos estar listos a declarar la verdad en cualquier momento –para defender la esperanza que tenemos en nosotros. Por lo tanto, ¡gracias por estar listo para compartir la verdad!

Lee Ezequiel 8:1 y marca las frases de tiempo. Compáralas con las que marcarte en Ezequiel 1:1-3. ¿Cuánto tiempo había pasado?

Este cambio de tiempo indica el principio de un nuevo tema y de un nuevo segmento del libro – un acontecimiento común a los libros históricos y proféticos de la Biblia. Los nuevos temas por lo general incluyen nuevas palabras y frases clave, al igual que un nuevo énfasis en palabras ya vistas. Cuando estudies los próximos cuatro capítulos de Ezequiel podrás ver esto con claridad.

Fíjate lo que sucede y dónde sucede. Lee el versículo 2 y compara sus primeras palabras con las de Ezequiel 1:1. ¿Qué sucede aquí, que sea similar al capítulo 1? ¿Cómo contrasta con los eventos de los últimos cuatro capítulos? ¿Qué frase vemos repetida en estos capítulos? (Estos cambios también indican un nuevo tema y un nuevo segmento en el libro).

Lee hoy Ezequiel 8, marcando las palabras clave de tu separador. Presta atención a la frase *la gloria del D*IOS de Israel, la cual viste anteriormente en este libro. Los lugares geográficos normalmente los marcamos subrayándolos con doble línea color verde; pero, puesto que en este capítulo los lugares principales de la visión son parte del templo de Jerusalén, deberás elegir una forma diferente para marcarlos por ser clave en este capítulo.

En tu cuaderno, describe brevemente lo que vio Ezequiel. También puedes anotarlos al margen de tu Biblia.

Compara Ezequiel 8:2-4 con Ezequiel 1:26-28 y 3:23. ¿Qué descubres?

Vuelve a leer Ezequiel 8:5-18 y haz una lista de las partes del templo y las abominaciones que Ezequiel vio (también deberías marcarlas en tu Biblia). Fíjate en el diagrama que está en el apéndice, titulado EL TEMPLO DE SALOMÓN.

¿Quién estaba involucrado en estas abominaciones? ¿Cómo respondió Dios a esas abominaciones? Haz una lista en tu cuaderno.

SEGUNDO DÍA

Busquemos referencias cruzadas acerca de las abominaciones. Lee Deuteronomio 32:15-32 y Jeremías 7:30 y toma notas pertinentes en tu cuaderno.

Exploremos también la herencia de Safán, leyendo acerca de sus descendientes.

2 Reyes 22:3-12

Jeremías 26:24

Jeremías 26:24

Jeremías 36:10-12

Jeremías 39:14

Finalmente, anota el tema de Ezequiel 8 en el PANORAMA DE EZEQUIEL

TERCER DÍA

Hoy vamos a observar los eventos de Ezequiel 9 que se relacionan con los eventos de Ezequiel 8. Lee el capítulo y marca las palabras y frases clave de tu separador, y los lugares como lo has venido haciendo. Mientras lees y marcas, acuérdate de hacer las seis preguntas básicas y recuerda lo que aprendiste en Ezequiel 8.

Fíjate quiénes no fueron tocados y quiénes fueron exterminados, y por qué. ¿Cómo reaccionó Ezequiel? ¿Cómo le respondió Dios? Recuerda, esta visión (como todas las visiones) contiene un mensaje.

¿Cuál es el significado del hombre vestido de lino? Lee los siguientes versos:

Daniel 10:4-6

Daniel 12:5-7

Apocalipsis 15:6

Apocalipsis 10:7-16

Resulta muy conveniente el marcar ciertos grupos en otros lugares de la Escritura. Busca las siguientes referencias y compáralas con Ezequiel 9. ¿Qué aprendes?

Éxodos 12:1-13

2 Corintios 1:21-22

Efesios 1:13-14

Apocalipsis 7:2-3; 9:1-4; 14:1-5

¿Había dado Dios este mensaje antes? Lee Jeremías 5:1-3.
¿Cómo se relacionan Ezequiel 8 y 9? Lee Deuteronomio 17:2-7 y compáralo con Ezequiel 8:16-17 y 9:4-6.
Determina el tema de Ezequiel 9 y anótalo en el PANORAMA DE EZEQUIEL.

CUARTO DÍA

Después de orar, lee Ezequiel 10 y marca las palabras y frases clave de tu separador.

Haz una lista que describa los querubines y las ruedas. Compara esto con tus listas de descripciones de los seres vivientes del capítulo 1. Como ayuda, te sería útil realizar un cuadro de dos columnas y colocar lado a lado las características semejantes. Si eres un artista, hasta podrías hacer un sketch o un dibujo. Pero si no lo eres, no te preocupes; simplemente disfruta de la comparación de tus notas con las de los otros miembros de tu grupo.

¿Cómo se relacionan los capítulos 1 y 10?

¿Qué ves en este capítulo que puedas aplicar a tu vida? ¿Hay alguna verdad acerca de Dios que no hayas visto antes o algo más que te haya provocado arrodillarte ante Dios en adoración?

Finalmente, determina y anota el tema de Ezequiel 10 en el PANORAMA DE EZEQUIEL.

QUINTO Y SEXTO DÍA

Lee Ezequiel 11 y marca las palabras y frases clave. No te pierdas ninguna de las referencias geográficas; y haz una lista de lo que aprendes acerca de lo que le sucede a la gente y a la ciudad.

Compara Ezequiel 11:13 con Ezequiel 9:8. ¿Cuál es la conexión?

¿Cuál es el mensaje de Ezequiel 11:14-21? ¿Cómo se relaciona con lo que has visto hasta ahora en la visión? ¿Cómo responde a la pregunta de Ezequiel? Compara Jeremías 31:31-40.

Fíjate lo que sucede con la gloria del Dios de Israel en los versículos 22-23. Vuelve a repasar los capítulos 8-11 y escribe en tu cuaderno lo que aprendes acerca de la gloria de Dios. Presta atención a los lugares. Guarda esta información en tu memoria porque volveremos a verlo más adelante.

Ahora determina el tema de Ezequiel 11 y anótalo en el PANORAMA DE EZEQUIEL.

SÉPTIMO DÍA

Guarda en tu corazón: Ezequiel 11:19
Lee y discute: Ezequiel 8-11

Preguntas para la Discusión o Estudio Individual

- Comenta lo que la gente había hecho en el templo.
- Repasa lo que aprendiste acerca de la gloria del Señor en la lección de esta semana.
- ¿Por qué Dios dejó el templo?
- Discute acerca de lo que aprendiste hasta ahora respecto a la idolatría de Israel y los esfuerzos de Dios para llamar la atención de la nación.
- ¿Qué aprendiste del querubín?
- Dialoga acerca del hombre de lino, la marca y la matanza.
- ¿Qué aplicación encuentras para tu vida en estos eventos?

Pensamiento para la Semana

La gloria del Señor apareció por primera vez a Israel cuando ellos salieron de Egipto hacia la tierra prometida. El Señor iba delante de ellos en una columna de nube durante el día y una de fuego por la noche; y la gloria del Señor apareció otra vez en el Monte de Sinaí. La gloria del Señor llenó el tabernáculo, y el templo que Salomón construyó en Jerusalén cuando éste fue dedicado. Esta manifestación visible comúnmente es llamada *Shekiná* (moderna palabra hebrea para "nube de gloria"). El Shekiná le recordaba a Israel que Él moraba entre ellos. En el templo, descansaba en el lugar santísimo por encima del propiciatorio (el cual cubría el arca del pacto).

Mucho antes que el templo fuera construido, cuando Israel terminó de deambular por el desierto y comenzó a entrar en la tierra prometida, ellos llevaron el arca consigo durante la primera batalla (la de Jericó).

Debido a su triunfo en Jericó, los israelitas asumieron que si ellos llevaban el arca también a otros campos de batalla, Dios estaría nuevamente con ellos – porque Su presencia estaba en el arca; pero Samuel 4-6 nos cuenta una historia diferente. Después que Israel ya casi se encontraba establecido en la tierra prometida, pero antes de que el templo fuera construido, los israelitas y los filisteos pelearon (siendo los filisteos quienes prevalecieron). Entonces, los israelitas pensaron que el Señor los había vencido por no haber tenido el arca con ellos, así que la trajeron de Silo hasta el campamento. De esta forma, su adoración se había transformado en superstición, y trataron al arca como a un dios pagano.

El ejército israelita se regocijó mucho cuando el arca entró en el campamento porque pensaban que Dios estaría entre ellos y que así ganarían la batalla. Para su horror, los filisteos no solo ganaron la batalla, sino que también capturaron el arca. Aquel desastre se conmemoró con el nombre del huérfano, nieto del sacerdote, "Icabod" (1Samuel 4:22).

A los filisteos el arca únicamente les trajo problemas, así que la devolvieron a Israel. Y muchos años después, cuando fue colocada en el templo de Salomón, la gloria del Señor llenó aquel templo a tal punto que los sacerdotes no podían quedarse a ministrar. Después de eso, aquella presencia en el templo no se menciona en la Escritura hasta Ezequiel.

¿Y qué encontramos en Ezequiel? Encontramos al templo lleno de idolatría; lo cual no era nuevo, pues Israel se había vuelto idólatra en los días de Salomón y permaneció así desde el reinado de su hijo Roboam hasta los días de Ezequiel en que Sedequías (un descendiente de Roboam) se sentó en el trono de David – transcurriendo muchos reyes entre estas dos reformas instituidas, sabiéndose que la gloria de Dios y la adoración de ídolos no podían coexistir. La solución fue la eliminación de los ídolos y limpieza del templo. Al hacerlo, esos reyes estaban en lo correcto pues Dios no comparte Su gloria con otros – llamados dioses.

Pero el corazón del pueblo no había sido limpiado de la idolatría, así que Dios tomó medidas drásticas – dejó el templo, y se fue de Jerusalén. Su promesa de 2 Crónicas 7:16, de que Su *nombre*, Sus *ojos* y Su *corazón* estarían allí perpetuamente, no incluía que Su presencia permanecería para siempre. Él dijo a Israel en el resto del capítulo que si ellos caían en idolatría, los arrancaría de la tierra y convertiría la tierra y la casa en un refrán y escarnio para todos los pueblos; quienes así sabrían que estos juicios les habían venido porque Le abandonaron.

Avancemos hasta los días de Ezequiel. Los juicios estaban por ocurrir, y Dios mandó a Ezequiel como un nuevo recordatorio para el pueblo. Esta visión ocurre tan solo seis años antes que el templo y Jerusalén fueran destruidos. Y sin el templo, la gloria de Dios no estaría presente.

Setenta años después aquel templo sería reconstruido por aquellos que volverían de Babilonia; aunque no tendría la misma gloria del templo de Salomón. Aun así, Dios los anima y les dice que llegará el día cuando ÉL llenará Su casa con una gloria aún mayor.

La gloria partió, pero no estaría lejos para siempre. Llegaría un día cuando la gloria no solo sería restaurada sino que sería mucho mejor – un día donde la paz reinará. El pueblo de Dios nunca más dirá: "Icabod- la gloria se ha ido", sino que dirá: "Yejová Shammá – el Señor está presente."

CUARTA SEMANA

ÍDOLOS EN EL CORAZÓN

Los príncipes, profetas y ancianos de Israel no fueron un modelo eficaz. Ellos eran líderes, pero guiaban a la gente por el mal camino. Corrompieron al pueblo con su mal ejemplo y pusieron piedras de tropiezo en el camino de aquellos que buscaban adorar y obedecer a Dios. Tenían ídolos en sus corazones e hicieron ídolos con sus manos. Pero, ¿qué les pasará a ellos?

PRIMER DÍA

¡Continúa haciendo un buen trabajo! ¡Estamos muy orgullosos de ti por tu deseo de estudiar la Palabra de Dios y por perseverar! Empecemos esta semana leyendo Ezequiel 12:1-16 y marcando las palabras y frases clave de tu separador.

Haz una lista en tu cuaderno de los detalles de la señal descritos en estos versículos y el mensaje que se supone está dando. ¿De qué debería darse cuenta el pueblo y cómo?

Leamos algunas referencias cruzadas acerca de estos eventos. Lee estos versículos:

2 Reyes 25:1-7

2 Crónicas 36:11-21

Jeremías 32:2-5

¿Cuán fiel es Dios a Su Palabra? ¿Con qué precisión se realizan sus profecías?

¿Qué frase clave en Ezequiel 12:15-16 es el principio subyacente de todo lo que Dios jura hacer a Judá, Jerusalén, al templo y al rey Sequedías? ¿Qué te dice esto de las cosas que pasan en tu vida?

SEGUNDO DÍA

Lee Ezequiel 12:17-28 y marca las palabras y frases clave de tu separador.

Ahora haz una lista de lo que aprendiste al marcar estas palabras clave. ¿Qué se le pide a Ezequiel que haga y por qué? ¿Qué mensaje comunicará su acción?

¿Cuán lejos en el futuro está el cumplimiento de esta profecía? ¿Qué decía la casa de Israel?

¿Qué te dice este reporte acerca de la reacción que la gente de hoy en día tiene con respecto a la profecía bíblica? ¿Cuál es el peligro de asumir que la profecía no se cumplirá por muchos años?

Determina ahora el tema de Ezequiel 12 y anótalo en el cuadro PANORAMA DE EZEQUIEL.

Finalmente, ¿cuál es la lección que Dios tiene para nosotros? ¿Qué podemos aplicar a nuestras vidas?

TERCER DÍA

Lee y marca Ezequiel 13:1-16. Después, haz una lista en tu cuaderno de todo lo que aprendes. Esta "falsa profecía", ¿ya había sido dada antes? Lee Jeremías 5:12; 14:13-15; 23:16-22, 30-32.

¿Qué le había dicho Dios a Israel en general acerca de los falsos profetas? Lee Deuteronomio 13:1-5 y 18:15-22.

¿Qué se mantiene constante en la respuesta que Dios da a estos falsos profetas?

CUARTO DÍA

Lee y marca Ezequiel 13:17-23; luego, haz una lista en tu cuaderno de lo que aprendiste acerca de los falsos profetas y de aquellos que cosen cintas mágicas para la coyunturas de sus manos.

Dios ya antes había tratado con la adivinación. Lee Deuteronomio 18:10-14 y 1 Samuel 15:23. ¿Y con qué tratamos hoy? Lee 2 Timoteo 4:3-4 y 2 Pedro 2:1-3.

Compara Ezequiel 13:22 con Ezequiel 3:17-21. ¿Qué aprendes?

Discierne el tema de Ezequiel 13 y anótalo en el PANORAMA DE EZEQUIEL.

QUINTO DÍA

Lee Ezequiel 14:1-11 y marca las palabras clave de tu separador. Haz una lista de lo que aprendes al marcar *ídolos* y *corazones*.

¿Qué hacían aquellos que tenían ídolos en sus corazones, y cómo respondió el Señor a ellos? ¿Qué quiere Dios que hagan? ¿Qué hará Dios si se arrepienten? ¿Por qué Dios hace eso?

¿Disciplina Dios a aquellos que se acercan incorrectamente a Él? Lee Hechos 5:1-11 y 1 Corintios 11:27-32.

SEXTO DÍA

Lee Ezequiel 14:22-23 y marca las palabras clave de tu separador. Entonces lee otra vez los versículos 13-20 y haz una lista de lo que sucede cuando un país peca. ¿Cuál es la conexión con Israel? ¿Cuál es la frase en el versículo 21 que conecta a ambos?

¿Qué sabes de la justicia de Noé, Job y Daniel? Lee Génesis 6:9; Job 1:1,22; 2:10 y Daniel 1:8, 17-21. En Ezequiel 14:14-20, ¿qué dice Dios acerca de la justicia de estos hombres? ¿A quiénes puede salvar? ¿Puede un hombre salvar a otro hombre?

¿Qué aprendes acerca del *consuelo* en los versículos 21-23? ¿Qué miedo o pregunta tenía Ezequiel cuando Dios le mostró el juicio sobre Judá?

¿Cuál es la respuesta? Consuelo y compasión son conceptos que están muy relacionados. ¿Qué aprendes acerca del carácter de Dios, que te ayudará en tiempos difíciles? Recuerda, estamos estudiando la Biblia no solo para aprender acerca de otro pueblo sino también sobre cómo deberíamos vivir a la luz de la gloria de Dios.

No olvides anotar el tema de Ezequiel 14 en el PANORAMA DE EZEQUIEL.

SÉPTIMO DÍA

 Guarda en tu corazón: Ezequiel 14:20
Lee y discute: Ezequiel 12:1-16; 13:1-14

Preguntas para la Discusión o Estudio Individual

∽ Discute la señal del equipaje y su cumplimiento. ¿Qué aprendiste acerca de Dios?

∽ ¿Qué aprendiste acerca de los profetas verdaderos y de los falsos?

- ¿Qué opina Dios de la adivinación? ¿Qué paralelos encuentras hoy?
- ¿Cuáles son algunos ídolos del corazón, y cómo afectan a la gente?
- Habla de cómo los países pecan contra Dios. ¿Qué significa esto para tu propio país?
- ¿Cómo se relacionan el consuelo y la compasión de Dios con Sus juicios?

Pensamiento para la Semana

Cuando Jesús les dijo a Sus discípulos acerca de Su inminente crucifixión, Pedro protestó y dijo que no suceda eso. Y la respuesta de Jesús fue muy instructiva. Él llamó a Pedro "piedra de tropiezo", porque no tenía en mente los intereses de Dios sino de los hombres.

Asimismo, Dios le dijo a Ezequiel que dijera a Israel que quienes levantaran ídolos en su corazón estarían poniendo la piedra de tropiezo de su injusticia directamente ante sus caras; y si se dirigían al profeta para consultar al Señor, el Señor les respondería según la multitud de sus ídolos. Ellos debían dejar esos ídolos y volverse a Dios.

Ídolos son todas esas cosas que adoramos en lugar de adorar a Dios. Colosenses 3:5 dice que la codicia es idolatría. El mayor de los mandamientos es que amemos a Dios con todo nuestro corazón, alma, mente y fuerzas; y los Diez Mandamientos comienzan con el mandato de no tener otros dioses ante ÉL. Nosotros debemos amar a Dios por sobre todas las cosas.

Una piedra de tropiezo es aquello que nos aleja de los intereses de Dios. 1 Corintios 1:23 dice que "Cristo crucificado" es una piedra de tropiezo para los judíos. Por lo tanto, mientras una piedra de tropiezo es aquello que no nos permite llegar a Dios en primer lugar, otra piedra de tropiezo es aquello que no nos permite seguir a Dios en la totalidad; que nos impide llegar a ser cristianos maduros.

La libertad puede ser una piedra de tropiezo para aquellos que son débiles en la fe; y así, incluso nuestros perfectos intereses morales, pueden causar que la gente tropiece. Puede que no veamos esto como ídolos en nuestros corazones, pero si algo que nos es permitido hacer nos es más importante que la fe de nuestro hermano, entonces… ¿acaso no es esto un ídolo? Definitivamente se trataría de interés propio, y no de Dios. Así que debemos desafiarnos para pensar más allá de los ídolos hacia los intereses propios que también pueden ser piedra de tropiezo – incluyendo nuestra libertad.

Pablo nos da varios ejemplos. En 1 Corintios 8 habla sobre la libertad de comer alimentos sacrificados a ídolos; pero si esa libertad hace que un creyente tropiece, ¿deberíamos hacerlo? Y ésta es la máxima pregunta: ¿Nos preocupamos más por nosotros mismos que por nuestro hermano? ¿Tenemos los intereses de Dios en el corazón, o los nuestros?

Pablo repite esto en Romanos 14 cuando explica que el reino de Dios no es alimento o bebida; y que por lo tanto, no debemos dejar que esas cosas se vuelvan piedra de tropiezo para aquellos cuya fe es débil. El principio en juego es el desinterés propio – dejando de lado nuestros derechos, privilegios, deseos y libertades, y actuando por el bienestar de nuestros hermanos y hermanas.

Recuerda que este es el modelo que tenemos en Cristo. El gran pasaje de Filipenses 2, que nos menciona cómo Cristo se despojó de Sí mismo, nos dice que Cristo se humilló al punto de hacerse siervo, obediente hasta la muerte en la cruz, por el interés y bienestar de otros.

Por esto Dios lo exaltó. Y a esto es a lo que Jesús nos llama – a una radical humildad, desinterés propio, a tomar nuestra cruz siguiendo a Jesús, siguiendo Su ejemplo en todas las cosas.

No deberíamos tener ídolos en nuestros corazones, no debe haber nada entre nosotros y Dios, nada de interés propio. Que todo sea para Jesús, que todo sea por el interés de Dios.

QUINTA SEMANA

¿QUÉ LES SUCEDE A LAS PROSTITUTAS?

∾∾∾∾

Dios compara la idolatría de Israel con la prostitución. Él tomó a Israel como Su novia, pero ella lo dejó para seguir a muchos otros amantes – ídolos y dioses de otras naciones. Pero, ¿estos amantes habían amado realmente a Israel o se volvieron contra ella y la destruyeron? Haz un contraste entre la lealtad de estos dioses con Israel y el amor verdadero de Dios para con Israel, que se refleja en Su pacto. Entonces considera qué tiene que ver todo esto con tu propia relación con Dios.

PRIMER DÍA

Recuerda que Dios Espíritu Santo es nuestro Maestro; por lo tanto, es esencial que empieces el estudio con una oración. Después de orar, lee Ezequiel 15 y marca las palabras y frases clave de tu separador.

Haz una lista de las comparaciones que hace Dios entre la madera de la vid y los habitantes de Jerusalén. ¿Qué está tratando de decir Dios con este ejemplo?

Anota el tema de Ezequiel 15 en el PANORAMA DE EZEQUIEL.

SEGUNDO AL QUINTO DÍA

Ezequiel 16 es un capítulo muy largo, así que dedicaremos cuatro días para estudiarlo. Tan solo las observaciones nos llevarán algo de tiempo, así que no te apresures. No te canses de leer, marcar y hacer las preguntas básicas. Asimila la historia que se despliega; y cada vez que necesites detenerte para repasar lo que leíste y entender bien la historia, ¡hazlo! Te será de mucha ayuda el tomar notas párrafo a párrafo en los márgenes de tu Biblia.

Así que... ¡a indagar fiel estudiante! Lee Ezequiel 16 y marca las palabras y frases clave de tu separador. También marca las referencias a *Jerusalén, pacto*[6] y *prostitutas*. Verás que el *pacto* es prominente en éste y en el capítulo siguiente, así que agrégalo a tu separador. La palabra *Pacto* es clave a través de toda la Biblia, así que te recomendamos que siempre la marques igual. *Prostitución* es clave en este capítulo y en el capítulo 23, así que tú decides si la quieres agregar a tu separador.

No te abrumes con todas las referencias a Jerusalén. Si hay demasiado por marcar, no lo hagas; pero verás cómo Jerusalén es realmente clave en este capítulo.

Haz una lista en tu cuaderno de la historia básica de Jerusalén desde su nacimiento. Recuerda seguir haciendo las seis preguntas básicas.

Si no lo has hecho aún en la historia básica de Jerusalén, haz una lista aparte de sus prostituciones (tal vez solo hayas escrito "te prostituiste"). ¿Cómo se relaciona este mensaje con el capítulo 15?

Oseas, el último profeta del reino del norte de Israel recibió un mensaje acerca de la prostitución. Lee Oseas 1-2 para ver el mensaje y su tono (Oseas tiene 14 capítulos). Fíjate en los paralelos que hay con el mensaje de Ezequiel a Judá.

¿Quiénes son las hermanas de Jerusalén, y por qué son mencionadas?

Una sinécdoque es el lenguaje figurado que consiste en referirse al todo, mencionando solo una parte o (viceversa). Por ejemplo: "50 velas" pueden referirse a "50 barcos".

En este pasaje, las ciudades capitales de Jerusalén y

Samaria, ¿representan a todo Judá e Israel? En otras palabras, ¿los mensajes en este capítulo estaban dirigidos solamente a los habitantes de las ciudades o abarcaban a toda la población de los reinos de Judá e Israel? Recuerda el contexto histórico de Ezequiel – las cosas que vio en las visiones y a quién se le dijo que las dijera.

La desenfrenada idolatría de Jerusalén y Samaria está descrita a través de 1 y 2 de Reyes, pero por ahora lee tan solo 1 Reyes 16:29-33 y 2 Reyes 8:16-19.

¿Por qué Ezequiel presenta a Sodoma como la hermana menor de Jerusalén?

¿A qué pactos se refiere? Aunque ya has leído Jeremías 31:31-34, léelo otra vez si necesitas refrescar tu memoria.

Finalmente, después que hayas asimilado todo lo que puedes de este capítulo, anota el tema de Ezequiel 16 en el PANORAMA DE EZEQUIEL.

SEXTO DÍA

Observa Ezequiel 17, marcando las palabras clave de tu separador. Marca *Babilonia* pero no lo agregues a tu separador. Notarás cuatro párrafos –los dos primeros contienen una parábola, el tercero da una explicación, y el último introduce un tema nuevo pero relacionado.

Haz una lista en tu cuaderno de los elementos básicos de la parábola. Te convendría hacer una tabla de dos columnas; la columna izquierda para los hechos de la parábola y la columna derecha para la explicación.

Esta parábola (que pronostica eventos futuros) se refiere a Nabucodonosor y Sedequías. Lee 2 Reyes 24:8-25:7 para ver el contexto histórico.

¿Cómo se relaciona con el último párrafo de Ezequiel 17? ¿Qué podemos aprender de esto?

Finalmente, determina el tema de Ezequiel 17 y anótalo en el PANORAMA DE EZEQUIEL.

SÉPTIMO DÍA

 Guarda en tu corazón: Ezequiel 16:62
Lee y discute: Ezequiel 15; 16:1-22, 30-34, 36-37, 41-43, 60-63; 17:11-24

Preguntas para la Discusión o Estudio Individual

- Comparte lo que aprendes acerca de la madera de la vid y los árboles del bosque.

- Repasa la historia del nacimiento y adopción de Jerusalén.

- ¿Cómo devolvió Jerusalén el favor de Dios?

- ¿Cuáles serán las consecuencias de su prostitución?

- ¿De qué manera es única la prostitución de Jerusalén?

- ¿Cuál es la relación que hay entre Sodoma, Samaria y Jerusalén?

- ¿Estas ciudades representan naciones? Si es así, ¿Cómo?

- ¿Cuál es la gloriosa promesa final para Jerusalén?

- ¿Qué has aprendido que puedas aplicar a tu vida?

Pensamiento para la Semana

El lenguaje de Ezequiel 16 es gráfico, explícito y muy conmovedor. Ezequiel nos muestra una nueva dimensión de la especial relación entre Dios y Su pueblo (especialmente Jerusalén). La historia de encontrar un bebé en el campo, traerlo a casa y criarlo añade un aspecto de intimidad que es muy difícil de encontrar en el Antiguo Testamento. Verla crecer, convertirse en esposa y después convertirse en una ramera es algo que realmente rompe el corazón.

El término *ramera* en cierta forma es arcaico. Hoy no se usa tanto; palabras como "*prostituta*" o términos más vulgares son los más comunes. El relato de Ezequiel muestra que el comportamiento de Jerusalén se había hundido a profundidades sin precedentes, ¡al punto de no exigir paga por sus servicios ilícitos, sino pagar a otros para que fueran sus amantes!

¿Cuál es la reacción de Dios ante esto? ¿Desesperación? ¡No! - ¡Dios estaba enfurecido! Recuerda que uno de los nombres de Dios es Qana – "Celoso" (Éxodo 34:14). Estrictamente hablando, el ser celoso quiere decir no querer compartir lo que uno tiene con otros. A veces los diccionarios definen los celos como envidia, y hasta intercambiamos estas palabras dándole el mismo significado, pero tenemos que hacer esta distinción cuando nos referimos a Dios. Él no envidia a nadie. Envidiar es querer algo que otro tiene. Y Dios es celoso, no envidioso. Él lo creo todo, y todo le pertenece, así que no puede tener envidia de nadie. Israel es Su esposa. Él es celoso de ella y no quiere compartirla con ídolos o supuestos dioses. La prostitución de ella es una abominación que realmente enfurece a Dios.

¿Y qué hace el Dios del universo cuando está furioso por el adulterio de Su esposa? Expone su duplicidad ("desnudez") a sus amantes, quienes por su parte la apedrean, queman sus casas y la cortan en pedazos con la espada. Entonces, ella deja de pagar a sus amantes, y la cólera de Dios disminuye.

Israel no va a salirse con la suya en su prostitución – no hay secretos para Dios. Y tampoco nosotros podemos salirnos con la nuestra por la misma razón. Dios sabe cuando alabamos ídolos, y Él expondrá nuestra idolatría y usará esos "amantes" para juzgarnos. Todo pecado tiene sus consecuencias. Y a veces la gente parece escaparse, pero es tan solo temporalmente. El día de pagar cuentas de seguro llegará. Todos nosotros estaremos ante el trono del juicio de Cristo para dar cuentas, y los perdidos estarán ante el gran trono blanco. Todos seremos juzgados por el verdadero, imparcial, totalmente justo, omnisciente Dios.

Pero tenemos una esperanza, porque Dios es un Dios que cumple Su pacto. Y quienes estén incluidos en Su nuevo pacto tienen la promesa de la vida eterna a pesar de sus pecados. Dios nos disciplina solo para corregirnos, refinarnos y hacernos santos para que podamos presentarnos sin mancha ante Él. No nos libraremos de nuestros pecados; tendremos que dar cuentas por ellos, pero el Dios que juzga también es misericordioso. Sufriremos las consecuencias, incluyendo la pérdida de recompensas, pero debido a Su misericordia en Cristo Jesús, le pertenecemos a Él para siempre. Podremos ser abatidos, pero no seremos destruidos. Y tenemos una esperanza segura porque estamos sellados con el Espíritu Santo, la promesa de nuestra herencia en Cristo Jesús (Efesios 1:13-14). La promesa dada a Jerusalén en Ezequiel 16:60-62 es para todos aquellos que creen el evangelio de Jesucristo. Tenemos un pacto eterno con el Dios que cumple Su pacto y estaremos con Él.

SEXTA SEMANA

*P*ARA *Q*UE *S*EPAS *Q*UE *Y*O *S*OY EL *S*EÑOR *T*U *D*IOS

Dios le dijo a Ezequiel que Él haría ciertas cosas para que Israel nunca olvidara que Él es su Dios. Tal vez Israel no esperaba o quería esas cosas, pero ellas demuestran la soberanía de Dios. La gente de Dios debe aprender que ellos no tienen el control, que no son amos de su destino, señores de sus propias vidas. Ellos pertenecen a Dios, y cuando se rebelan, Él actuará.

*P*RIMER DÍA

Hoy lee Ezequiel 18:1-18, marcando las palabras y frases clave de tu separador. Tal vez quieras marcar *justo* (*justicia*) pero no lo agregues a tu separador.

Haz una lista de las cosas que son castigadas con la muerte.

Ahora bien, ¿cuál es el punto de estos versículos? Compáralos con Deuteronomio 5:9-10 y 24:16. ¿Qué decía la ley? ¿Cuánto se diferenciaba la ley del proverbio? A propósito, ¿notaste quién es juzgado en el Deuteronomio 5:9-10?

Compara Génesis 1:6, Habacuc 2:4, y Romanos 1:17. ¿Qué aprendes?

Recuerda, compara la Escritura con la Escritura – ella nunca se contradice. Si un pasaje *aparenta* estar en desacuerdo con otro, el problema es que no lo entendemos en su totalidad.

SEGUNDO DÍA

Hoy terminaremos de observar Ezequiel 18. Lee Ezequiel 18:19-32 y marca las palabras clave de tu separador. Marca también *impío*,[7] pero no lo agregues a tu separador.

Compáralo con Ezequiel 3:17-21. ¿Qué desea Dios? (Nota: *aparta* y *arrepentimiento*[8] son todas traducciones de la misma palabra hebrea).

¿Ha cambiado el deseo de Dios? ¿Qué predicó Jesús? Lee Mateo 4:17.

¿Qué estaba mal con la forma en que Israel entendía la ley? ¿Con qué frase empieza Ezequiel 18:19, 25 y 29?

Compara Ezequiel 18:31 con Ezequiel 11:19. ¿Qué aprendes?

Finalmente, determina el tema de Ezequiel 18 y anótalo en el PANORAMA DE EZEQUIEL.

TERCER DÍA

Después de orar, lee Ezequiel 19, marcando las palabras y frases clave de tu separador. Presta mucha atención a las dos metáforas en este lamento.

Haz una lista de lo que aprendes acerca de los leones y los leoncillos en los versículos 1-9, entonces haz una segunda lista de lo que aprendes acerca de la vid en los versículos 10-14. Ambos se refieren a la madre.

¿Quiénes son los leones y leoncillos? Según tu estudio de Reyes y Crónicas, y en base a cualquier cuadro histórico, ¿puedes ver quiénes son esos leoncillos que se volvieron leones?

¿Qué es el viñedo? Lee Isaías 5:1-7. ¿Qué te dicen las imágenes de Ezequiel 19:10-14?

Anota el tema de Ezequiel 19 en el PANORAMA DE EZEQUIEL.

CUARTO DÍA

Como siempre, leeremos y marcaremos las palabras y frases clave de tu separador. Hoy veremos Ezequiel 20:1-26, y mañana terminaremos el capítulo.

Fíjate en la frase de tiempo en el versículo 1 y compárala con la de Ezequiel 8:1. Asegúrate también de marcar las referencias geográficas.

Lee Éxodo 5:1-6:9 y Hechos 7:35-43 para refrescar la memoria acerca de la rebelión de Israel en Egipto. Mientras Israel estaba en Egipto, ¿cómo reaccionaron ante Dios, y qué había decidido Él hacerles allí (Ezequiel 20:8)?

En tu cuaderno, crea una lista o cuadro como el que está a continuación y complétalo. ¿Ves algún patrón general?

Lo que Dios dijo	Cómo respondió Israel	Lo que decidió hacer Dios	Lo que en realidad hizo Dios y por qué
20:11-12:			
	20:13a:		
		20:13b:	
			20:14:
		20:15-16:	
			20:17
20:18-20			
	20:21 a:		
		20:21b:	
			20:22

Lee Éxodo 32:1-14 y Números 14:1-23 para mayor información acerca de la rebelión de Israel en el desierto.

Como habrás descubierto, Ezequiel 20 menciona varias veces que Israel profanó el día de reposo. ¿Para qué es el día de reposo? Lee Génesis 2:1-3 y Éxodo 31:13. Compáralo con Hebreos 4:1-10.

QUINTO DÍA

Completa las observaciones de Ezequiel 20 leyendo y marcando los versos 27-29. Nota la primera palabra del versículo 27 y recuerda que lo que sigue está basado en lo que aconteció – de ahí la frase *Por tanto*.

Haz una lista de todo lo que describía la condición de Israel. También haz una lista de lo que se le promete en el futuro. ¿Por qué promete esto Dios – cuál es la principal frase repetida que muestra el propósito primordial de Sus acciones?

¿Qué sucede en el versículo 45? ¿Cuáles son las referencias geográficas de allí? ¿Quién verá que ha actuado el Señor?

¿Cree Israel a Ezequiel?

Finalmente, discierne el tema del capítulo 20 y anótalo en el PANORAMA DE EZEQUIEL.

SEXTO DÍA

Para el último estudio de esta semana, lee Ezequiel 21 y marca las palabras y frases clave de tu separador, así como lo has venido haciendo.

Fíjate a quién se le habla. ¿Qué les sucederá?

¿Qué aprendiste acerca de la espada?

¿Qué hará el rey de Babilonia?

Ahora lee otra vez el versículo 27 y medita sobre él. ¿Quién es "Aquél a quien pertenece el derecho" a quien reducirá Dios a ruina?

¿Quién más es juzgado en este capítulo además de Israel? ¿Por qué son juzgados con la espada?

Lee Génesis 19:29-38 para ver el origen de Amón. Entonces lee Deuteronomio 23:1-6 para descubrir la razón de la animosidad de Dios para con ellos.

No olvides el último paso – anotar el tema de Ezequiel 21 en el PANORAMA DE EZEQUIEL.

SÉPTIMO DÍA

 Guarda en tu corazón: Ezequiel 20:12
Lee y discute: Ezequiel 18:19-32; 19:1-9; 20:27-44; 21:1-17, 27

PREGUNTAS PARA LA DISCUSIÓN O ESTUDIO INDIVIDUAL

∾ Discutan sobre lo que significa llevar culpa.

∾ ¿Qué desea Dios? ¿Qué significa que se *aparte* y que se *arrepienta*? ¿Quiere Dios esto de nosotros?

∾ ¿Qué aprendiste acerca de los reyes de Israel en la metáfora de los leones y los leoncillos?

∾ ¿De qué manera era Israel como las otras naciones, y cómo reaccionó Dios hacia ellos?

∾ Describe y discute la misericordia de Dios hacia Israel después que Él los juzgó (capítulo 20).

∾ ¿Cuál fue el propósito de la espada? ¿Cómo la usó Dios contra Israel?

∾ ¿Qué esperanza tiene Israel ante el juicio y la destrucción?

Pensamiento para la Semana

Una de las razones por la cual Dios eligió a Israel fue para mostrarle al mundo cómo es Él y cómo debe ser Su pueblo – santo, así como lo es Él. Una función principal de la Ley dada en el monte Sinaí fue describir el comportamiento santo.

Pero Israel falló. Actuaron como las naciones que la rodeaban, primero pidiendo un rey como tenían las otras naciones (rechazando a Dios como su rey) y después adoptando los dioses y las prácticas de adoración de las naciones, rechazando a Dios como su Dios; Israel no le mostró al mundo lo que era la santidad – cómo debía actuar el pueblo de Dios.

A pesar de que Israel incumplió el pacto que Dios estableció con ellos, Dios sí lo guardó. Dios tuvo muchas oportunidades de erradicar a la mayoría de la nación y hacer una nueva. Él le dijo esto a Moisés, y le ofreció hacer una nueva nación a partir de él. Pero Dios actuó por el bien de Su nombre. En vez de dar la impresión de que Él había sacado al pueblo de Egipto para destruirlo, Él cedió. Mantuvo Su pacto disciplinándolos, purgando a los peores idólatras. Les mostró que Él es Dios –*su* Dios.

La repetida frase en Ezequiel – "sabrás que Yo soy el Señor" – significa que Dios demostrará a Israel que *Él* es el Señor y que los ídolos despreciables de las naciones no lo son. Él demostrará que Él es el gobernante soberano del universo y de todas las naciones; el auto-existente, el gran Yo Soy que Se reveló a Moisés y a Israel e hizo un pacto con ellos.

Él también tiene la intención de mostrar que Él es juez de toda carne: "Y toda carne verá que Yo, el Señor, lo he encendido; no se apagará" (refiriéndose al fuego en los bosques de Néguev). "Así sabrá toda carne que Yo, el Señor, he sacado Mi espada de la vaina. No volverá más a su vaina" (refiriéndose al juicio sobre Israel).

Los juicios sobre Israel no fueron solo para el beneficio de Israel sino para el de toda la humanidad. Ellos muestran al mundo que Dios ama a Israel lo suficiente para purificarlos; y entonces, después de disciplinarlos, traerlos a la tierra que Él le prometió a Abraham.

Dios usó a Babilonia como el instrumento de Su juicio, pero le dejó saber al mundo que Él, no el rey de Babilonia, había juzgado a Israel.

Nuestra función como iglesia es similar a la de Israel. Nosotros también debemos mostrarle al mundo quién es Dios en la persona de Su Hijo, Jesús. Después de la última cena, Jesús oró para que el mundo creyera y supiera que Dios lo envió a Él y que Dios ama a la iglesia como a Su Hijo. El mundo sabrá esto a través de la unión perfecta consigo misma ("para que todos sean uno") y con el Padre y el Hijo ("que también ellos estén en Nosotros.")

Jesús es la luz del mundo, y nosotros también porque Él está en nosotros y nosotros en Él. El mundo ve a Jesús en nosotros cuando emitimos Su luz y disipamos la oscuridad. Así es como Él rescata a los hombres del reino de la oscuridad.

SÉPTIMA SEMANA

La Ira de Dios

Las refinerías usan fuego para purificar metales; en ellas calientan el metal para que las impurezas suban a la superficie y puedan ser extraídas. El resultado es el metal puro. El fuego también se usa para destruir – porque puede quemar las cosas que son dañinas para que una nueva vida nazca. La ira de Dios purifica a Su gente destruyendo aquellas cosas que le son perjudiciales, y entonces una nueva vida florece.

Primer y Segundo Día

Esta semana cubriremos tres capítulos, y dedicaremos dos días para el estudio de cada uno; así que hoy y mañana no tendremos que apurarnos tanto. Empieza observando Ezequiel 22, marcando las palabras y frases clave de tu separador. Hazle las seis preguntas básicas mientras lees; y siempre recuerda interrogar el texto y leerlo con propósito.

Presta atención a los personajes descritos. Haz listas de lo que aprendes acerca de cada grupo: gobernadores, sacerdotes, príncipes, profetas y el pueblo. Después haz una lista de lo que aprendiste acerca de lo que Dios hará y por qué. Fíjate en las imágenes o ilustraciones de metales y escoria.

Lee el Salmo 66:10, Isaías 48:10, Daniel 12:10 y Zacarías 13:9 para ver más referencias sobre el refinamiento de Dios.

¿Qué aprendiste sobre el refinamiento del metal, que puedas usar en tu propia vida? ¿Nos refina Dios para eliminar nuestras impurezas? Lee Tito 2:11-14 y medita sobre cómo Dios está trabajando en tu vida.

Anota el tema de Ezequiel 22 en el PANORAMA DE EZEQUIEL.

TERCER Y CUARTO DÍA

Lee Ezequiel 23 y marca las palabras y frases clave de tu separador. Marca cada referencia a las dos hermanas pero no las agregues a tu separador. Marca también las naciones a las cuales las hermanas se volcaron en pos de ellas. Dedica el tiempo adecuado para leer y marcar este largo capítulo, y recuerda hacer las seis preguntas básicas mientras lees.

Haz un breve resumen de lo que le sucederá a Aholibá y por qué.

Finalmente, decide el tema de Ezequiel 23 y anótalo en el PANORAMA DE EZEQUIEL.

Piensa en lo que has aprendido. ¿Qué principio puedes aplicar a tu vida?

QUINTO Y SEXTO DÍA

Lee Ezequiel 24, marcando las palabras y frases clave. Nota la frase en el versículo 1 y compárala con la frase de tiempo en Ezequiel 20:1.

¿Cuánto tiempo había estado profetizando Ezequiel? ¿Qué evento sucedió en ese año? De acuerdo a los gobernantes y profetas de la época de Ezequiel (ver el apéndice) ¿en cuántos años sería destruida Jerusalén?

Vuelve a leer la parábola de la olla y haz una lista en tu cuaderno de lo que le sucedería a Jerusalén. Recuerda, una parábola tiene un mensaje central, así que los detalles individuales de la misma pueden ser *verdad* sin ser tan *significativos* como su punto principal.

¿Cómo sería Ezequiel una señal para Jerusalén? ¿Qué hará Jerusalén?

Finalmente, anota el tema de Ezequiel 24 en el PANORAMA DE EZEQUIEL.

SÉPTIMO DÍA

 Guarda en tu corazón: Ezequiel 22:30
Lee y discute: Ezequiel 22:1-12, 17-31; 23:1-28, 46-49; 24:1-24

Preguntas para la Discusión o Estudio Individual

- Discutan sobre las abominaciones de los gobernantes, sacerdotes, profetas, príncipes y del pueblo.

- ¿Qué aprendiste de las imágenes de escoria?

- ¿Qué juicio recibirá el pueblo de Dios y por qué?

- Discute sobre Aholá y Aholibá – a quiénes representan, lo que han hecho y las consecuencias de sus acciones.

- ¿Qué aprendes de Israel y de la parábola de la olla?

- Discute la señal que Ezequiel será.

- ¿Qué aplicación puedes sacar de estos capítulos?

Pensamiento para la Semana

En la Biblia, una de las imágenes más importantes es la del refinamiento del metal. La técnica de aquella época consistía en calentar un crisol lleno de metal sobre el fuego. Las impurezas (escoria) en el metal subían a la superficie, y el refinador las quitaba. Mientras el fuego era alimentado para subir su temperatura, más escoria subía a la superficie, y el proceso se repetía hasta que el refinador pudiera ver su cara reflejada en el metal fundido. A veces se debía repetir hasta siete veces ese mismo proceso. David escribió en el Salmo 12 que las palabras de Dios son puras: "Plata probada en un crisol en la tierra, siete veces refinada."

Otro salmista alabó a Dios por purificar a Su pueblo como la plata es refinada (Salmos 66:10). Salomón dijo: "el crisol es para la plata y el horno para el oro, Pero el Señor prueba los corazones" (Proverbios 17:3). Ambos Testamentos tienen referencias a esta idea.

Así que Dios prueba los corazones de los hombres, purificándolos como el refinador lo hace con la plata y el oro. El objetivo de Dios es crear gente purificada, y esto lo lleva a cabo a través de las circunstancias que prueban nuestra fe y nos exigen ejercitarla.

Dios dijo a través de Isaías que Él había purificado a Israel pero no como a la plata porque Él había usado un crisol de aflicción (Isaías 48:10). Pedro, hablando del sufrimiento por causa del evangelio, se expresó de esta forma:

> "En lo cual ustedes se regocijan grandemente, aunque ahora, por un poco de tiempo si es necesario, sean afligidos con diversas pruebas (tentaciones), para que la prueba de la fe de ustedes, más preciosa que el oro que perece, aunque probado por fuego, sea hallada que resulta en alabanza, gloria y honor en la revelación de Jesucristo;" (1 Pedro 1:6-7).

La idea es muy clara tanto en el Nuevo Testamento como en el Antiguo: Dios nos purifica. Él eleva la temperatura a través de las circunstancias en nuestras vidas para que la escoria suba a la superficie y así Él pueda quitarla, repitiendo este proceso a lo largo de nuestras vidas hasta que Él pueda ver Su reflejo en nosotros.

El refinador mira la apariencia externa de la plata o el oro, pero Dios mira el interior, el corazón. Los corazones son purificados quitando la escoria del egocentrismo, cosas mundanas, materialismo y todo aquello que nos impide reflejar perfectamente a Jesús.

Por supuesto, no llegaremos a ser perfectos en este mundo mientras estemos en nuestros cuerpos terrenales, pero el fuego purificador incluye el matar nuestra carne (1 Corintios 5:5), y el proceso de maduración continuará hasta la muerte -hasta el día de Jesucristo (1 Corintios 1:8; Filipenses 1:6).

Dios le dijo a Israel que limpiara aquellas cosas que el fuego no purifica ni destruye, lavándolas en agua; así resulta claro que este proceso de purificación en vez de destruirnos nos mejora. Y este fuego purificador es distinto al fuego por el cual nuestras obras son probadas para ver si permanecen (1 Corintios 3:10-15), pero ninguno de ellos es el fuego de la ira de Dios que destruye a la maldad. El fuego del refinador nos purifica haciéndonos más como Cristo.

Este proceso de purificación no es fácil de aguantar, pero al final trae una mayor gloria a Dios. Si sinceramente amamos al Señor y deseamos Su gloria, podremos perseverar en nuestras pruebas sabiendo que producirán lo que Dios más valora.

OCTAVA SEMANA

LOS ENEMIGOS DE ISRAEL NO ESCAPARÁN

A veces los malvados aparentan salirse con la suya en su maldad y prosperar mientras que el justo lucha; y entonces la justicia parece ser ignorada. Pero Dios es justo – Él no dejará al malvado impune. Israel es la niña de Sus ojos, y aquellos que toquen al pueblo de Dios corren el riesgo de recibir Su ira. Él maldecirá a aquellos que maldigan a Israel; y Su juicio es certero.

PRIMER DÍA

Esta semana y la próxima estudiaremos un nuevo segmento en Ezequiel. Descubrirás una trama común que se entrelaza a través de los capítulos 25-32. Así, empezaremos con nuestro proceso habitual: leer, marcar, haciendo las seis preguntas básicas y leyendo con propósito.

Lee Ezequiel 25, marca las palabras y frases clave de tu señalador. Presta mucha atención a las naciones mencionadas, y fíjate en el cuadro de LAS NACIONES DE LAS PROFECÍAS DE EZEQUIEL ubicado en el apéndice. Haz una lista en tu cuaderno de lo que aprendes acerca de los juicios sobre esas naciones.

Lee Números 20:14-21, Jueces 11:12-28 y Abdías. Esto te dará un panorama más completo de la relación de Israel con Amón, Moab, y especialmente con Edom.

Finalmente determina el tema de Ezequiel 25 y anótalo en el PANORAMA DE EZEQUIEL.

SEGUNDO DÍA

Hoy lee Ezequiel 26, marcando las palabras y frases clave de tu separador. No olvides marcar las referencias de tiempo en el versículo 1. Revísalo con la referencia de tiempo en Ezequiel 24:1 para comparar las fechas de estas profecías con las de los capítulos de la semana pasada.

Haz una lista en tu cuaderno de lo que aprendiste acerca del juicio de Tiro.

El rey Hiram de Tiro ayudó a David a preparar lo necesario para el templo y ayudó a Salomón a construirlo. Pero las cosas cambiaron. Lee el Salmo 83 e Isaías 23:1-2 para ver la relación de Tiro con Israel (lee también Jeremías 27:1-11).

Determina el tema de Ezequiel 26 y anótalo en el PANORAMA DE EZEQUIEL.

TERCER Y CUARTO DÍA

El capítulo 27 es bastante largo, así que tardaremos dos días en estudiarlo. Lee Ezequiel 27 y marca las palabras y frases clave de tu separador.

Nota lo que el Señor le pide a Ezequiel que haga. Una elegía es como un luto, como llorar por la pérdida o destrucción de alguien o algo.

Haz una lista en tu cuaderno de lo que Tiro dice de sí misma y luego haz otra lista de lo que le pasará a la ciudad.

Apocalipsis 18 relata el lamento sobre otra poderosa ciudad con muchos asociados comerciales.

Como última tarea para estos dos días, anota el tema de Ezequiel 27 en el PANORAMA DE EZEQUIEL.

QUINTO DÍA

Dividiremos el estudio de Ezequiel 28 en tres partes. Hoy veremos los versículos 1-10; así que lee Ezequiel 28:1-10 y marca las palabras y frases clave de tu separador.

Haz una tabla de dos columnas, y en la primera columna escribe una lista acerca del líder de Tiro (el príncipe o gobernador) – lo que dice de sí mismo y lo que es verdad respecto a él.

La segunda columna la completarás mañana con los detalles del resto del capítulo. Haz también una lista de lo que Dios dice que Él le hará a esa persona.

¿A quién se le habló en los dos capítulos anteriores? ¿A quién se le habló en el primer versículo de este capítulo? Este líder puede compararse con Daniel. Lee Daniel 1:19-20 y 2:46-49 y fíjate en las semejanzas que hay entre ellos.

¿Quiénes son los extranjeros que vendrán en su contra? Refresca tu memoria leyendo Ezequiel 26:7-11 si no lo recuerdas.

Los historiadores creen que el príncipe de Tiro en ese momento era Et Baal III, a quien Nabucodonosor (rey de Babilonia en el año 573-372 a.C.) despojó y quien murió en manos de los babilonios.

La frase "la muerte de los incircuncisos" es un insulto que significa básicamente morir en vergüenza (Lee Ezequiel 32:30 para compararlo).

Anota el tema de este capítulo en el PANORAMA DE EZEQUIEL.

SEXTO DÍA

Continuemos hoy con el estudio de Ezequiel 28 leyendo los versículos 11-19, y marcando las palabras y frases clave de tu separador.

Nota la persona que eleva la elegía en el versículo 12. Fíjate lo que este capítulo dice de él, y agrega esta información a la lista que comenzaste ayer. Compara la lista con la tabla de dos columnas. ¿Qué es semejante y qué es diferente?

¿Piensas que estas dos personas son una misma o no? ¿Por qué?

Lee Isaías 14:12-21. ¿Ves algún paralelo?

Termina el capítulo leyendo Ezequiel 28:20-26, marcando las palabras y frases clave de tu separador. En tu cuaderno, anota para quién son estas profecías y qué se dice de ellas.

¿Cómo se relacionan los últimos dos versículos con lo que se dice en los capítulos 25-28? ¿Cómo se relacionan con los capítulos anteriores?

Bien, hemos terminado por esta semana. No olvides anotar el tema de Ezequiel 28 en el PANORAMA DE EZEQUIEL.

SÉPTIMO DÍA

 Guarda en tu corazón: Ezequiel 28:26
Lee y discute: Ezequiel 25; 26:1-14; 27:1-3, 26-36; 28:1-19, 25-26

PREGUNTAS PARA LA DISCUSIÓN O ESTUDIO INDIVIDUAL

- Discute acerca de los juicios de Amón, Moab, Edom y los filisteos.

ᴥ Discute sobre los juicios de Tiro.

ᴥ ¿Cuál es la conexión entre el líder y el rey de Tiro? ¿Cuáles son sus semejanzas y sus diferencias? ¿Por qué lo crees así?

ᴥ ¿Cuál es la conexión entre los juicios que estudiaste hasta ahora y los eventos de los dos últimos versículos del capítulo 28?

ᴥ ¿Qué aplicación para tu vida puedes ver esta semana?

Pensamiento para la Semana

Salomón escribió: "He visto todo durante mi vida de vanidad: Hay justo que perece en su justicia, Y hay impío que alarga su vida en su perversidad" (Eclesiastés 7:15).

La mayoría de la gente piensa así cuando ve injusticias; pero al final, ¿el malvado se sale con la suya o eventualmente gana la justicia? Seguramente Amón, Moab, Edom, Filistea, Tiro y Sidón pensaron que podían escapar con su iniquidad cometida hacia Israel; Asiria y Babilonia también. Y sus imperios duraron mucho tiempo.

Pero, ¿qué pasó con estos imperios? ¿Dónde están hoy en día? ¿Duraron o fueron destruidos? Ezequiel y sus compatriotas exiliados sabían que Asiria había sido destruida, pero otras naciones seguían asolando Judá, deleitándose con el exilio de Judá y la conquista de Jerusalén. La ciudad y el templo no habían sido destruidos todavía y la tierra no estaba desolada, pero ¿qué predijeron los profetas de Dios?

El basar nuestras acciones únicamente en aquello que nos hace sentir o vernos bien ante los ojos de los demás nos conducirá al pecado. Esta forma de pensar ignora las consecuencias negativas de nuestras acciones y asume que nada nos pasará. Las naciones en Ezequiel 25-32 siguieron su patrón pecaminoso. Pero la justicia de Dios incluye consecuencias para todas las naciones, para toda la gente. No hacer caso a Dios, no creer a Dios, rechazar Su ley y Su gracia… es realmente muy peligroso.

¿Qué le sucedió a la "hermana mayor" de Judá – Israel (la nación), Samaria (la capital), Aholá (el nombre figurativo) – y qué le pasó a Asiria? Dios hizo exactamente lo que les prometió. Entonces, ¿qué le hizo pensar a Judá (la nación), Jerusalén (la capital), Aholibá (el nombre figurativo) que ella estaría exenta? El pueblo pensaba que ellos estaban exentos porque el templo estaba en Jerusalén, el lugar donde Dios dijo que Él moraría y al que siempre dirigiría Sus ojos y oídos. Jeremías ya había tratado de convencer a Judá de que ellos eran vulnerables, y ahora lo hacía Ezequiel.

Los incrédulos de Judá señalaban a las naciones que sobrevivían a pesar de su idolatría, diciendo que el juicio no caería sobre el pueblo de Dios. Pero Dios les dice que el juzgará las naciones y que juzgará a Judá, y que el juicio ya había comenzado. Esto aparentemente no era muy convincente; así que se necesitaría de más para convencer al pueblo de que ellos no podrían escaparse con su maldad; y ciertamente aun vendría más sobre ellos, pero ¿cuándo?

Ezequiel declara fielmente la palabra de Dios, realizando los actos simbólicos que Dios le dirige a hacer y manteniéndose con firmeza en la voluntad de Dios. Y en medio de todo esto su esposa muere. Frente a eso, ¿lo excusa Dios de su deber? Seguramente él necesitaba tiempo para llorar; pero, ¿qué debe hacer el atalaya? ¿Cuál es su responsabilidad? ¿Cuán serias son las consecuencias de no advertir al malo del peligro que se aproxima? ¡Y Ezequiel estaba de guardia!

De su comportamiento entendemos que Ezequiel creyó en la seriedad de Dios y en que las consecuencias eran graves. A pesar de su desgracia personal continuó declarando el mensaje de Dios. Él sabía que Dios era justo y que Su justicia cierta. Sabía que el malvado no escaparía y que Dios lo había hecho responsable de advertirles.

Dios no quiere que nadie perezca, Él quiere que todos se arrepientan y vengan a Él. Ezequiel tenía el mismo sentir de Dios con respecto a este tema. ¿Y Tú? ¿Aceptarás el desafío y te mantendrás firme ante el desaliento, fatiga, dificultad personal y circunstancias difíciles? ¿Estás convencido que "levantar un muro" y "ponerse de pie en la brecha" realmente vale la pena?

NO VUELVAS A EGIPTO

Al poco tiempo que Israel había salido de la esclavitud de Egipto, ellos se sintieron tentados a volver allá. Extrañaban la comida y el agua fresca, y parecían estar dispuestos a renunciar a la vida nómada (que probablemente les parecería una nueva forma de esclavitud). Mantener la fe resultaba muy difícil en el desierto; y una vez que llegaron a la tierra prometida le pidieron a Egipto ayuda para combatir a sus enemigos en vez de confiar en Dios – otra crisis y difícil prueba de su fe; pero Dios gobierna sobre todas las naciones, levantando reyes y naciones, y destruyéndolas. Por lo tanto, Dios le mostraría a Israel por qué el haber confiado en Egipto fue la opción equivocada.

PRIMER DÍA

Los cuatro capítulos de esta semana tienen algo en común: el juicio sobre Egipto. Lee Ezequiel 29 marcando las palabras clave de tu señalador, sin omitir la frase de tiempo en el versículo 1. Asegúrate de compararla con la frase en Ezequiel 26:1 y con LOS PRÍNCIPES Y PROFETAS DE LA ÉPOCA DE EZEQUIEL para entender la cronología de este capítulo. También verás otras frases de tiempo en éste y en los capítulos siguientes, así que márcalas todas. Tener en cuenta cuándo se dieron los mensajes te ayudará a ver el hilo de estos cuatro capítulos.

¿A quién dirige Ezequiel la profecía? Haz una lista en tu cuaderno de lo que aprendes de él y compara esa lista con la lista del príncipe de Tiro. Nota las semejanzas y las diferencias.

Anota el tema de Ezequiel 29 en el PANORAMA DE EZEQUIEL.

SEGUNDO Y TERCER DÍA

Lee Ezequiel 30 marcando las palabras clave de tu señalador. Marca las referencias de tiempo en el versículo 20 y compáralo con Ezequiel 29:1.

Compara Ezequiel 30:2-3 con Joel 1:15 y 2:1-2. ¿Se trata del mismo día o no?

Lee Deuteronomio 17:14-20, 1 Reyes 3:1-3, y 1 Reyes 10:26-29. ¿Qué aprendes de la relación de Israel con Egipto?

La confianza de Israel en Egipto continuó (lee 2 Reyes 17:1-4 y 18:13-24). Las ciudades-estado fenicias sobre la costa mediterránea – Filistea, Egipto y Judá – habían formado una alianza para resistir a Asiria. En 2 Reyes 18 tan solo Egipto quedaba de esa alianza y fue, como declaró Rabsaces, tan débil como una caña. Así que no estaba en condiciones de ayudar a Israel.

Anota el tema de Ezequiel 30 en el PANORAMA DE EZEQUIEL.

CUARTO DÍA

Cuanto más leas Ezequiel, perseveres en su mensaje, y medites en sus preceptos, más entenderás a tu Dios y Su propósito al haberte permitido estudiar este libro en este momento de tu vida. Lee Ezequiel 31 y marca las palabras clave de tu separador. Marca las referencias de tiempo y compáralas con la de Ezequiel 30:20.

2 Reyes 23:28-35 y 24:6-7 también nos da información acerca de Egipto y de Judá. Para aquella época Egipto se había unido a Asiria contra los babilonios, que eran el poder dominante del área. Babilonia venció a Asiria y a Egipto en Carquemís en el 605 a.C., marcando así el final del imperio Asirio. Egipto era débil, Babilonia dominó.

Lee Daniel 4:10-15, 18, 20-22, 26-27 y compara esos versículos con Ezequiel 31:3-9.

¿Qué planteó Dios en ambos casos y cómo se relacionan?

Anota el tema de Ezequiel 31 en el PANORAMA DE EZEQUIEL.

QUINTO Y SEXTO DÍA

Lee Ezequiel 32 marcando las palabras clave de tu separador. Marca también *incircunciso*,[9] pero no la agregues a tu separador.

No olvides las referencias de tiempo. Compáralas con las anteriores y con los PRÍNCIPES Y PROFETAS DE EZEQUIEL.

Haz una lista de lo que aprendes acerca de las naciones incircuncisas. El versículo 30 es clave para entender el uso de este término dentro del contexto.

Anota el tema de Ezequiel 32 en el PANORAMA DE EZEQUIEL.

Esta semana observaste cuatro capítulos acerca del juicio de Egipto, que aparentemente no tienen relación con tu vida; pero antes de llegar a esa conclusión, considera la relación de Israel y Judá con Egipto. ¿Qué había de malo con esa relación? ¿Qué principios estaban en juego que podamos aplicarnos a nosotros mismos?

¿Qué opina Dios de la obediencia parcial o condicional? ¿Y de la confianza parcial en Él? ¿Necesitas hablar con Dios con respecto a algo específico de tu vida?

SÉPTIMO DÍA

 Guarda en tu corazón: Ezequiel 29:9
Lee y discute: Ezequiel 29; 30:1-12, 20-26; 31; 32:1-11, 17-23, 30-32

Preguntas para la Discusión o Estudio Individual

- Discute acerca de lo que aprendiste acerca de la relación de Egipto con Israel y Judá.

- ¿Qué aprendiste de lo que demanda Dios con respecto a la obediencia?

- ¿Qué aplicación para tu vida encuentras en el juicio de Dios sobre Egipto?

- Discute cómo Dios usa una nación para juzgar a otra.

- ¿Cuándo fue destruido Egipto? ¿Todo esto es historia pasada o hay algún aspecto para el futuro? ¿Por qué?

Pensamiento para la Semana

Al poco tiempo de que Israel salió de Egipto, el pueblo quería volverse allá. El trabajo forzoso en Egipto era difícil, pero la comida y el agua eran preferibles a las inseguridades de vagar en un desierto inexplorado. El pueblo quería aprovechar los recursos naturales de Egipto en vez de depender del Señor quien podría proveerles comida del cielo y agua de las rocas. Ser esclavo de Dios parecía más difícil y más severo que ser esclavo de Egipto.

Esta es una muy buena metáfora también para nosotros. La humanidad es esclava del pecado y del reino de tinieblas de Satanás. Dios proveyó un Salvador-Redentor para toda la humanidad en Su Hijo, Jesús. La fe en Su muerte expiatoria y en Su resurrección nos concede vida eterna, nos libera de la esclavitud del pecado, y nos traslada a Su Reino. La verdad del evangelio nos hace libres.

Pero la vida en este reino no es fácil. Tenemos tribulaciones, tentaciones, sufrimientos, dificultades, ataques de Satanás… que podrían hacernos desear volver a "Egipto" – el reino de Satanás.

Sin embargo, Satanás no aplica estas presiones para que nos volvamos a él – porque no puede. Una vez que Jesús nos hace libres, permaneceremos libres. Lo que Satanás desea es que vivamos como si todavía fuéramos de él, para así darle la impresión a quienes le pertenecen que creer en el evangelio no es la mejor alternativa y que no hay buenas razones para hacerlo.

Piensa en esto. Una vida de placeres puede ser muy atractiva; sin alguien que piense que tú eres raro, o que te ataque por ser diferente ni te persiga. Puedes seguir la corriente del mundo y ser como los demás–normal, según las normas del mundo que coinciden con las del príncipe de este mundo.

Pablo explica esto en Gálatas 5. Todo lo que tienes que hacer es vivir en la inmoralidad, impureza, enemistad, contienda, celos, enojos, disputas, disensiones, sectarismos, envidia, borracheras, sensualidad y cosas semejantes. Entonces serás igual a la gente de Satanás; lo cual es más fácil que amar, tener gozo, paz y paciencia; que exhibir benignidad, bondad y fidelidad; y practicar la mansedumbre y el dominio propio. Esa es la gran mentira que Satanás predica.

Así que necesitamos ponernos la armadura de Dios y protegernos de los ataques de Satanás; quien mandará ardientes flechas de duda, culpa y mentiras.

¿Y por qué deberías ayudar a otros a soportar sus cargas? ¡Si con las tuyas ya tienes más que suficiente! ¿Por qué negarte a ti mismo? ¿Por qué humillarte y considerar a otros antes que a ti?

La vida de fe, la vida en el Espíritu, no es una vida carnal; porque la carne y el Espíritu están en constante guerra, así como Satanás hace guerra contra Dios.

La carne, esa parte inmaterial que nos pide prioridad por sobre todas las cosas está arraigada al mismo orgullo que causó la caída de Satanás.

Las buenas noticias son que tenemos el Espíritu de Dios en nosotros; que Dios lo ha puesto en cada creyente para darnos el poder de decir no a los deseos carnales y sí a la vida santa. El Espíritu nos da la autoridad de vivir como ciudadanos del cielo; y debemos apropiarnos de ese poder para no ceder a la carne o a las mentiras de Satanás. Pero nosotros somos quienes debemos decir no a la carne y a Satanás, pues no somos títeres. Tenemos fuerza de voluntad y debemos usarla para armarnos de la fuerza que Cristo provee y vivir así de acuerdo a lo que Dios demanda de nosotros.

Podemos resistirnos a volver a Egipto. Después de todo, al final, así como Egipto fue destruido, Satanás también será vencido y echado al lago de fuego para recibir su castigo eterno y no tentarnos más. Y la carne no será una fuente de lucha porque la carne no será parte de nuestra naturaleza glorificada.

Eso merece un... *¡amén!* ¡Regocíjate en esa verdad gloriosa!

DÉCIMA SEMANA

Buenos Pastores, Malos Pastores

Los profetas generalmente comparaban a los reyes de Israel con los pastores porque el pueblo entendía tal analogía; entre ellos era común el criar ovejas. Todos sabían en qué consistía, y lo que los pastores debían hacer. Desafortunadamente, la mayoría de los líderes de Israel (tanto reyes y sacerdotes) eran corruptos. Sin embargo, Dios proveyó Su propio buen pastor.

PRIMER DÍA

Lee Ezequiel 33:1-20 y marca las palabras clave de tu separador. Después, lee Ezequiel 3:17-21 y 18:21-32.

Busca las listas que hiciste de Ezequiel 3 y 18 y compáralas con lo que viste en Ezequiel 33. Anota en columnas los paralelos para poder comparar las semejanzas y las diferencias.

Ahora pensemos por qué hay tanta repetición. Fíjate en los temas de los capítulos que anotaste en el PANORAMA DE EZEQUIEL. Lo que había empezado en Ezequiel 4 ¿continuó hasta Ezequiel 24? Y ¿qué fue lo que empezó en el capítulo 25 que continuó hasta el 32? ¿Qué es común en ambos?

¿Qué mensaje común nos dan Ezequiel 3 y 33, y cómo se relaciona este mensaje con el mensaje de los capítulos intermedios?

SEGUNDO DÍA

Hoy terminemos el capítulo 33. Lee Ezequiel 33:21-23 marcando las palabras y frases clave de tu separador. Asegúrate de marcar las frases de tiempo en el versículo 21 y compáralas con las anteriores y con LOS PRÍNCIPES Y PROFETAS DE LA ÉPOCA DE EZEQUIEL. ¿Qué aprendió Ezequiel en el versículo 21? ¿Cuándo sucedió esto? Basado en el cuadro que recién observaste, ¿cuándo fue tomada por los babilonios la ciudad de Jerusalén?

Ahora lee 2 Reyes 25:10-26.

¿Qué le sucederá a la tierra de Israel de acuerdo a Ezequiel 33:24-29? ¿Por qué?

Piensa ahora en el comportamiento de la gente de Judá y Jerusalén antes que la ciudad cayera y el templo fuera destruido. ¿Qué dijeron? Lee Jeremías 7:4. El pueblo creía que el templo en Jerusalén podía protegerlos de algo ¿de qué? Evidentemente, ¿qué pensaban de la Palabra de Dios? ¿La veían como una bendición o una maldición? ¿Qué es lo que no entendieron?

¿Qué principio se enseña en los versículos 30-33? ¿Te da esto una idea de lo que está sucediendo hoy en día? ¿Cómo se relaciona con 2 Timoteo 4:3-4? ¿Cómo te desafía esta enseñanza a compartir la verdad?

Anota el tema de Ezequiel 33 en el PANORAMA DE EZEQUIEL.

TERCER DÍA

Lee Ezequiel 34:1-22 y marca las palabras y frases clave de tu separador. Marca *pastores*, pero no la agregues a tu separador.

Haz un resumen de cada párrafo en el margen de tu Biblia o en una lista separada.

Haz una lista en tu cuaderno de lo que aprendes acerca de los pastores.

Vuelve a leer los versículos 11-16. ¿De qué manera Dios es un buen pastor? ¿Concuerda con alguna parte del Salmo 23?

Vuelve a leer los versículos 17-22 y haz un resumen de lo que el Señor dice a las ovejas.

CUARTO DÍA

Lee Ezequiel 34:23-31 y marca las palabras y frases clave. ¿Qué versículo pude ser considerado un punto decisivo en el capítulo y por qué?

Lee Jeremías 23:1-8; 30:9 y Oseas 3:1-5. ¿Cuál es la implicación de estos pasajes?

Anota el tema de Ezequiel 34 en el PANORAMA DE EZEQUIEL.

QUINTO DÍA

Observa Ezequiel 35, marcado las palabras y frases clave de tu separador.

¿Cómo cambia el sujeto de este capítulo con relación al del capítulo anterior?

¿Qué área geográfica principal o grupo de gente representa el monte de Seir? Lee Génesis 36:8 y Deuteronomio 2:1-5. ¿Hemos visto este tema antes? ¿Te acuerdas lo que dijo Dios acerca de Edom? Repasa el día 1 de la semana 8 en la página 65.

Haz una lista en tu cuaderno de las cosas que aprendes de Edom en Ezequiel 35. ¿Qué sabrán los edomitas y por qué?

Anota el tema de Ezequiel 35 en el PANORAMA DE EZEQUIEL

SEXTO DÍA

El estudio de hoy será único. En vez de observar un capítulo o parte de él, repasaremos para prepararnos para la semana que viene. Además, después de haber estudiado 35 capítulos de Ezequiel, tienes que estar listo para cambiar de ritmo. Así que vamos a comenzar nuestra recapitulación desde el principio. ¿Quién es Ezequiel, dónde está, y a qué lo llama Dios?

¿En qué época de la historia de Israel vive Ezequiel? ¿Quién está reinando y dónde, qué año era, y que ha pasado con respecto a Babilonia?

¿Qué es lo primero que le pasa a Ezequiel? ¿Qué ve y qué escucha?

¿Qué clase de cosas se le pide a Ezequiel que haga y por qué?

¿Qué ha estado haciendo Israel, y qué dice Dios que hará en respuesta a ello?

¿Qué ve Ezequiel en el templo?

¿Qué tipo de comportamiento le atribuye Dios a Israel? ¿Qué analogías usa?

¿Qué dice Dios acerca de las naciones que rodean a Israel? Haz una lista de las naciones, describe de la forma en que actuaron con Israel, y repasa las consecuencias de sus acciones.

¿Cuánto tiempo ha pasado en todos estos capítulos? ¿Dónde encajan estos capítulos en la historia de Babilonia y de Jerusalén?

¿Cuál es el mensaje de los capítulos de esta semana? ¿Qué parece esperarle a Israel? En otras palabras, si hay un momento decisivo, ¿dónde comienza y qué clase de cosas esperas en los capítulos siguientes?

SÉPTIMO DÍA

 Guarda en tu corazón: Ezequiel 34:23
Lee y discute: Ezequiel 33-35

Preguntas para la Discusión o Estudio Individual

- Repasa lo que aprendiste hasta ahora en Ezequiel. Discute la sucesión de eventos en la vida de Ezequiel, sus visiones, señales, mensajes, espectadores, vida personal, etc.

- ¿Cómo describe Ezequiel el futuro de Israel?

- Pregunta si han visto una frase que se relacione con el mensaje del libro:

- ¿Qué principios deberían saber las naciones?

- ¿Qué lecciones para tu vida has aprendido hasta ahora en Ezequiel?

Pensamiento para la Semana

"El Señor es mi pastor, nada me faltará." A muchos, estas consoladoras palabras les resultan familiares; y tal consuelo es necesario en tiempos difíciles, cuando la vida parece abrumadora, cuando todo alrededor parece derrumbarse.

Piensa en Jerusalén en la época de Ezequiel. Los líderes de la nación, los pastores, le habían garantizado a la gente que todo iba a estar bien, que Dios no entregaría Su templo y ciudad a la destrucción, ni Su pueblo al cautiverio. Después de todo, Él prometió que les daría la tierra para siempre, y dijo que Él siempre estaría pendiente de Jerusalén y del templo.

Los profetas como Jeremías y Ezequiel tenían un

mensaje diferente. Jeremías permaneció en Jerusalén llevando el mensaje de Dios al pueblo. Ambos hombres proclamaron la verdad mientras otros predecían falsamente que el cautiverio ya casi terminaba y que el pueblo pronto volvería a Judá.

Esos pastores infieles, príncipes, sacerdotes y profetas no hablaban de parte de Dios; de hecho, llevaron al pueblo a la idolatría. Estaban tan lejos de la verdad de Dios como cualquier persona común. Conducían al pueblo a la destrucción en vez de llevarlos a verdes pastos y aguas de reposo.

David había sido pastor en su juventud; por lo cual, la imagen de un buen pastor cuidando a su rebaño hace que el Salmo 23 sea muy fácil de entender. Él sabía cómo ser un buen pastor de ovejas. De acuerdo a Ezequiel 34:23-24, él volvería a pastorear el pueblo de Dios, alimentándolos con Su verdad.

Jesús, el descendiente de David usó esas mismas imágenes. Se llamó a Sí mismo el buen pastor que da Su vida por Sus ovejas. También dijo que conoce a Sus propias ovejas y que ellas Le conocen y reconocen Su voz.

El pueblo del tiempo de Ezequiel no conocía la voz de Dios. Los pastores aseguraban traer mensajes de Dios, y cuando los verdaderos profetas de Dios traían un mensaje contradictorio, la gente no podía distinguir entre la verdad y la mentira. Eso se debía a que estaban tan lejos de Dios que no reconocieron Su voz cuando la oyeron. También porque era más fácil y más confortante recibir palabras de paz y de seguridad que recibir palabras de peligro y destrucción.

Deuteronomio nos provee de una sencilla manera de identificar la autenticidad de un profeta: Si lo que profetizó no se cumple, el tal era falso. Si se cumplió, pero hizo que los corazones se alejaran del Señor, igualmente era falso. Un profeta era verdadero cuando todo lo que proclamaba era la verdad.

En Ezequiel 33:33, Dios le dice a Ezequiel, "Y cuando suceda, como ciertamente sucederá, sabrán que hubo un profeta en medio de ellos." Ezequiel sería finalmente vindicado. La destrucción ya había ocurrido. Ahora el mensaje sería de restauración – regreso del exilio y la reinstauración de David como pastor.

Mientras contemplamos los capítulos futuros, ¿qué otras promesas se cumplirían para demostrar que Dios había hablado realmente a través de Ezequiel?

DÉCIMO PRIMERA SEMANA

El Nuevo Pacto

Dios es un Dios que cumple Su pacto. Él hizo un pacto con Noé, otro con Abraham, otro (a través de Moisés) con la nación de Israel en el Monte Sinaí, y otro con David. Y aproximadamente en la época del ministerio de Ezequiel en Babilonia, Dios prometió a través de Jeremías que Él haría otro pacto:

> "Vienen días" declara el SEÑOR "en que haré con la casa de Israel y con la casa de Judá un nuevo pacto, no como el pacto que hice con sus padres el día que los tomé de la mano para sacarlos de la tierra de Egipto, Mi pacto que ellos rompieron, aunque fui un esposo para ellos," declara el SEÑOR."

PRIMER DÍA

Lee Ezequiel 36:1-21 marcando las palabras y frases clave de tu separador. Marca también las *acciones futuras* y las palabras *celo* e *insultos*[10] pero no las agregues a tu separador. Fíjate en los contrastes introducidos con la palabra *pero*, y no te pierdas las conclusiones introducidas con la frase *por lo cual*. Mantén un registro del desarrollo del pensamiento.

¿Para quién era la profecía? Haz un cuadro de dos

columnas en tu cuaderno. En un lado anota lo que crees que se ha cumplido; y en el otro lado anota lo que todavía tiene que cumplirse y por qué.

Haz una lista de las *acciones futuras* de los versículos 9-15; el día de mañana verás otra lista de acciones.

¿Fueron justas las previas acciones de Dios? ¿Israel merecía el juicio? En cambio, ¿por qué Dios va a hacer lo que había prometido?

SEGUNDO DÍA

Continuemos estudiando Ezequiel 36. Lee Ezequiel 36:22-38 marcando las palabras y las frases clave de tu separador y las nuevas que veas en esta parte del capítulo.

Nota a quién se dirige esta parte del capítulo en contraste con la primera parte. ¿Por qué Dios estaba a punto de actuar? Compara la razón dada en los versículos 22-23 con la del versículo 21.

En relación a las *acciones futuras* que comienzan en el versículo 24, ¿qué hará Dios cuando se demuestre Santo en medio de Israel a la vista de las naciones?

Compara Ezequiel 36:24-28 con las siguientes referencias cruzadas:

Jeremías 31:31-34

Lucas 22:1, 7-8, 14-20

Hebreos 8:6-13

Hebreos 9:11-22

Así que, ¿quién está incluido en este nuevo pacto prometido a Israel y a Jacob? Lee Efesios 2:11-18. Y, ¿aún es válida la promesa para Israel? lee Romanos 11:1-2, 11-12, y 25-29.

¿Qué cosas hará Dios "además"? ¿Por qué va a hacer Dios todo esto? ¿Quién se beneficiará y de qué forma?

Finalmente, anota el tema de Ezequiel 36 en el PANORAMA DE EZEQUIEL.

TERCER DÍA

Lee Ezequiel 37 marcando las palabras clave como ya lo has venido haciendo. Marca *huesos* y *vara*,[11] pero no las agregues a tu separador.

Haz una lista en tu cuaderno de lo que aprendes acerca de los huesos y las varas. ¿Qué información aprendiste de las varas que no haya estado clara en la metáfora de los huesos? ¿Qué aprendiste de David en este capítulo? Compáralo con Ezequiel 34-23-24.

Lee los siguientes versículos y haz una lista de lo que aprendes del futuro de David:

Isaías 9:1-7

Jeremías 23:5-8

Jeremías 30:1-9

Jeremías 33:15-16

Oseas 3:1-5

Amós 9:11-12

No te pierdas la información tan importante del pacto (lee Hebreos 13:20).

Finalmente, anota el tema de Ezequiel 37 en el PANORAMA DE EZEQUIEL.

CUARTO DÍA

Lee Ezequiel 38 marcando las palabras y frases clave como lo has venido haciendo. Los capítulos 38 y 39 se dirigen al mismo sujeto (fíjate en su nombre). No olvides subrayar con doble línea los lugares geográficos; marca también las referencias de tiempo.

Usa como referencia LAS NACIONES DE EZEQUIEL 38 Y 39, que se encuentra en el apéndice, para ver dónde están ubicadas las naciones mencionadas.

Haz una lista de lo que aprendes acerca de lo que harán Gog y las naciones. ¿Cuándo sucederá? ¿Cómo serán las condiciones en Israel? Esta es la clave para identificar cuándo ocurrirá.

¿Qué hará Dios "en ese día" a los ejércitos de Gog?

Lee Apocalipsis 20:1-10, que también menciona a Gog. Entonces, ¿cuándo ataca Dios? Antes que saques conclusiones, deberías saber que hay distintas opiniones, y debes recordar que aún tenemos mucho por ver. Esto es... ¡solo para estimularte a pensar!

Anota el tema de Ezequiel 38 en el PANORAMA DE EZEQUIEL.

QUINTO DÍA

Lee Ezequiel 39:1-16 marcando las palabras y frases clave de tu separador. Asegúrate de marcar las referencias de tiempo y los lugares geográficos.

Haz una lista de lo que aprendes acerca de la matanza. ¿Quién estará involucrado, y quién sabrá acerca de Dios?

Haz también una lista de lo que aprendes acerca de la limpieza que ocurre después. ¿Cuánto tardarán en quemar las armas? ¿Cuánto tardarán en enterrar a los muertos? ¿Dónde los enterrarán, y cómo se llamará el lugar? ¿Cuál es su propósito?

Para que puedas establecer comparaciones, estos otros versículos bíblicos describen las batallas del final de los tiempos y la gran destrucción: Joel 3:9-14; Zacarías 12-14; y Apocalipsis 14:17-20; 16:12-16; 19:1-16.

SEXTO DÍA

Termina de leer Ezequiel 39, leyendo los versículos 17-29 y marcando las palabras y frases clave de tu separador. Incluye frases de tiempo y lugares geográficos.

Haz una lista en tu cuaderno con respecto a la información que encuentres acerca del sacrificio para que coman los pájaros y las bestias. Lee la descripción de otro banquete para pájaros en Apocalipsis 19:17-21. Sin igualar las dos batallas, compara el grado de la matanza y de sus secuelas. Luego, haz una lista de lo que pasa después del banquete. ¿Quién sabrá qué?

No omitas la referencia al Espíritu en el último versículo de Ezequiel 39. ¿Cómo se relaciona este capítulo con el capítulo 36?

Te estarás preguntando cuándo sucederá la batalla de Gog en la tierra de Magog. ¿Sucede después del milenio (como muestra Apocalipsis 20) o en otro momento?

Considera la condición en que se encontraba Israel antes que este evento de Ezequiel sucediera. ¿Cómo estaban viviendo? ¿Cómo son las fortificaciones de la ciudad? ¿Qué sucede en los versículos 22 y 25-29? ¿Concuerda esto con las condiciones del milenio en Apocalipsis 20?

Los maestros de la Biblia difieren en su entendimiento de cuándo ocurren estos eventos de Ezequiel; y el tema es muy difícil como para tratarlo en esta serie que requiere de un solo día de trabajo. Te animamos a que hagas un estudio más profundo.

Finalmente, para terminar el día y la semana, anota el tema de Ezequiel 39 en el PANORAMA DE EZEQUIEL.

SÉPTIMO DÍA

 Guarda en tu corazón: Ezequiel 36:26-27
Lee y discute: Jeremías 31:31-34; Ezequiel 36:7-15, 22-29; 37; 38:10-16; 39

PREGUNTAS PARA LA DISCUSIÓN O ESTUDIO INDIVIDUAL

- Discute acerca de lo que entiendes del nuevo pacto. ¿Cómo se diferencia el nuevo pacto del pacto de la ley?

- Habla de las repercusiones de las metáforas de los huesos y las varas. ¿Cómo encajan con el estudio previo que has hecho acerca de Israel?

- Discute acerca de la batalla de Gog y Magog. Incluye todas las preguntas de quién, qué, cuándo, dónde, por qué y cómo.

- ¿Qué lecciones para tu vida podrías sacar del estudio de esta semana?

PENSAMIENTO PARA LA SEMANA

El escritor de Hebreos nos da una gran perspectiva sobre el nuevo pacto que Dios prometió a Israel. Su carta a los Hebreos explica por qué el nuevo pacto es mejor que el antiguo pacto (la Ley), el cual Dios hizo con Israel en el Monte Sinaí. Y como Jeremías bien lo explica, Israel había roto aquel pacto.

El escritor de Hebreos explica que este pacto está basado en una mejor promesa, mejor sacrificio, mejor sangre, y con un sumo sacerdote mejor que el de la Ley. Jesús es el mejor sacrificio; Su sangre es mejor que la sangre de los novillos y carneros. Su sacrificio fue una vez para siempre, no día tras día ni año tras año. Su sangre es mejor porque Él es como nosotros, hecho hombre para identificarse con nosotros; y al contrario del carnero que tomó el pecado del pueblo para purificación de la carne (Hebreos 9:13), Jesús se volvió pecado por nosotros "para que fuéramos hechos justicia de Dios en Él." (2 Corintios 5:21).

El autor de Hebreos también nos dice que Dios quita el primero (el antiguo pacto) para establecer el segundo (el nuevo pacto), haciendo obsoleto al antiguo.

Entre los beneficios de este nuevo pacto se encuentran un nuevo corazón y un nuevo espíritu en nosotros. Dios remueve los corazones de piedra, los reemplaza con corazones de carne, y pone Su Espíritu en nosotros.

Jesús es el mejor de los sumos sacerdotes porque Su sacerdocio no es como el de Aarón que era temporal sino eterno como el de Melquisedec. Jeremías y Ezequiel profetizaban que Dios haría un nuevo pacto con Israel y Judá. ¿Pero alguien más puede participar de este nuevo pacto? Las buenas noticias son que... ¡sí, podemos!

En la noche que Jesús fue traicionado, Él comió en la Pascua con Sus discípulos e instituyó lo que hoy conocemos como la Santa cena. Jesús tomó la copa después de la cena y dijo "Esta copa es el nuevo pacto en Mi sangre, que es derramada por ustedes" (Lucas 20:20). Años después, el apóstol Pablo dio este mensaje a la iglesia en Corinto: "Esta copa es el nuevo pacto en Mi sangre; hagan esto cuantas veces la beban en memoria de Mí" (1 Corintios 11:25).

Lo cual definitivamente extiende el nuevo pacto a los gentiles – a cualquiera que cree en el evangelio.

Por lo tanto "No hay Judío ni Griego [Gentil]; no hay esclavo ni libre – porque todos son uno en Cristo Jesús" (Gálatas 3:28). Así que regocíjate en el nuevo pacto, ¡regocíjate!

DÉCIMO SEGUNDA SEMANA

El Templo del Señor

Dios destruyó el templo de Salomón, un edificio dedicado a la alabanza de Dios que había degenerado en un lugar de alabanza a todo menos a Dios. Judá confiaba en que ese templo los salvaría de Babilonia, pero no fue así. Ahora Dios promete un nuevo templo, y no como el que Salomón construyó. Entonces, ¿cómo será ese templo?

PRIMER Y SEGUNDO DÍA

Esta semana empieza un nuevo segmento en Ezequiel como notarás al ver el cambio del tema. Ezequiel 40 es bastante largo, así que lo estudiaremos durante dos días. Lee el capítulo y marca las palabras y las frases clave de tu separador. Pronto notarás que la mayoría de las palabras de tu separador ya no se usan debido al cambio de tema. Marca los lugares a donde Ezequiel fue llevado. Si lo encuentras útil, marca también la frase *"me llevó"*. Como la visión continúa en varios capítulos, puedes agregar esta frase a tu separador. Señala también la referencia de tiempo del versículo 1 y compárala con las otras y con LOS PRÍNCIPES Y PROFETAS DE LA ÉPOCA DE EZEQUIEL.

¿Qué eventos ocurren en este capítulo? ¿Cuándo fue la

visión anterior? ¿Cuál fue el tema de los otros capítulos? ¿Cuál es el tema del capítulo 40?

Repasa lo que sucedió en el templo en Ezequiel 8-11. Lee 2 Reyes 25:1-3 y 2 Crónicas 36:11-21. De acuerdo a las referencias históricas en Reyes y Crónicas, y de LOS PRÍNCIPES Y PROFETAS DE LA ÉPOCA DE EZEQUIEL, ¿qué le sucedió al templo en el 586 a.C.?

¿Qué evento le está mostrando a Ezequiel el hombre del capítulo 40? ¿Cuándo se cumpliría esa visión? ¿Nos dice el texto cuándo, nos da alguna pista?

Haz una lista de lo que ve Ezequiel; y si crees que puedes aprenderlo mejor dibujando la visión entonces hazlo (hemos incluido tres diagramas en el apéndice).

Anota el tema de Ezequiel 40 en el PANORAMA DE EZEQUIEL.

TERCER DÍA

Continuando con la visión, lee Ezequiel 41, marcando las palabras y frases clave de tu separador. Consulta el diagrama que está en el apéndice o sigue dibujando lo que lees.

Para compararlo con el templo de Salomón, lee 1 Reyes 6 y 2 Crónicas 3. Compara estos templos del Antiguo Testamento con el templo que describe el Nuevo Testamento:

1 Corintios 3:10-17

1 Corintios 6:12-20

2 Corintios 6:14-18

Efesios 2:19-22

1 Pedro 2:4-10

Anota el tema de Ezequiel 41 en el PANORAMA DE EZEQUIEL.

CUARTO DÍA

Mientras observas Ezequiel 42 marca las palabras y frases clave de tu separador.
Anota el tema de Ezequiel 42 en el PANORAMA DE EZEQUIEL.

QUINTO Y SEXTO DÍA

Ezequiel 43 no es un capítulo largo, pero de todos modos tardaremos dos días en estudiarlo porque además de haber una buena pausa en la narración, hay referencias cruzadas muy importantes que debemos considerar.

Lee Ezequiel 43 marcando las palabras y frases clave de tu separador. Consulta el dibujo del altar que está en el apéndice o dibuja uno.

Ahora haz una lista en tu cuaderno de lo que aprendes acerca de la gloria del Señor.

Compáralas con las visiones de Ezequiel en el versículo 3.

Repasa lo que aprendiste acerca de la gloria del Señor en la tercera semana (Ezequiel 8-11).

Lee Hageo 2:1-9; 2 Crónicas 5-7 y 1 Reyes 8. Toma notas acerca de la gloria del Señor y lo que Dios dice de Jerusalén, el templo, la idolatría, el volverse a Él, etc.

Lee Levítico 9 y compara la dedicación con las de 1 Reyes, 2 Crónicas y Ezequiel.

Anota el tema de Ezequiel 43 en el PANORAMA DE EZEQUIEL.

SÉPTIMO DÍA

 Guarda en tu corazón: Ezequiel 43:7
Lee y discute: Ezequiel 40:1-4; 43; y las referencias cruzadas que te sugerimos.

PREGUNTAS PARA LA DISCUSIÓN O ESTUDIO INDIVIDUAL

- Discute acerca de la visión de Ezequiel. Compara las dimensiones de este templo con las del tabernáculo y los dos templos anteriores.

- Habla acerca de la salida y regreso al templo de la gloria del Señor. Compara su presencia en el tabernáculo, en el templo que Salomón construyó, en el templo que construyó Zorobabel, y en el que Ezequiel vio en su visión.

- ¿Qué le pidió Dios a Ezequiel que hiciera con esta visión?

- Compara las dedicaciones de los templos de Salomón y de Ezequiel.

- Compara estos templos con el templo de Dios; con el que no está hecho con manos humanas. ¿Qué aplicaciones encuentras para tu vida?

PENSAMIENTO PARA LA SEMANA

"¡El templo del Señor!" era el grito del pueblo cuando Babilonia estaba asediando Jerusalén. Ellos estaban convencidos de que Dios no abandonaría Su templo a la destrucción. Pero estaban equivocados; pues no creían que sus abominaciones causarían el juicio que Dios había prometido. Solo creían las promesas de bendición, como por ejemplo la promesa de Su continua presencia en el templo.

A Ezequiel le fue dada la visión de otro templo, de uno mucho más grande que el que Salomón construyó y que Babilonia destruyó en el año 585 a.C. Era un templo más grande que el que Zorobabel construyó, pues Herodes lo expandió y adornó; pero finalmente Roma lo destruyó en el año 70 d.C. El templo de la visión de Ezequiel sería usado por los sacerdotes para hacer sacrificios como lo habían hecho sus predecesores. Pero, ¿era el último templo?

Dios reveló a través de Pablo y Pedro que los templos terrenales hechos de piedra y construidos por manos humanas eran solamente un cuadro del verdadero templo donde Dios mora hoy en día – Su iglesia – en la cual nosotros somos piedras vivientes y Jesús la piedra angular. Nosotros estamos construidos sobre el fundamento de los apóstoles y profetas. Somos el templo espiritual donde Dios mora a través de la persona del Espíritu Santo, y también somos sacerdotes que ofrecen sacrificios espirituales a Él.

Cuando comparamos las dos clases de templos, vemos con cuánta precisión describió Dios el templo que Ezequiel vio en su visión. Dios se preocupa mucho por los detalles; de hecho, brinda increíbles detalles de cómo se verán las piedras vivientes de la casa espiritual de Dios. Los cuatro evangelios describen a Jesús, la piedra angular. Los evangelios y Hechos describen los apóstoles, y el Antiguo Testamento describe los profetas. Estos son nuestro fundamento. Construimos nuestras vidas basándonos en sus enseñanzas.

Considera la obediencia de Ezequiel y sus dificultades. En medio de todo lo que Dios le ordenó hacer, Dios le quitó el gozo de sus ojos (su esposa), pero aún así Ezequiel continuó dando su mensaje. El pueblo rechazo ese mensaje, pero él continuó obediente a Dios.

¿Acaso Dios quiere que seamos distintos a Ezequiel? ¡Pues no! Él nos llama a ser plata, oro y piedras preciosas que aguanten el fuego refinador. El nos llama a abandonar las obras que no perduran como la madera, el heno y la paja. Nos da mandatos explícitos con respecto a vivir en santidad y ser sacerdotes del reino, una nación santa, pueblo adquirido para posesión de Dios, a fin de que anunciemos las virtudes de Aquél que nos llamó de las tinieblas a Su luz admirable (1Pedro 2:9). Dios nos da detalles de cómo vivir para alcanzar Sus propósitos en nosotros. De este modo, a diferencia de los israelitas que en el día de Ezequiel no estudiaron ni obedecieron la Palabra de Dios, nosotros debemos decidirnos a conocer estos detalles para vivir en santidad y así aguantar el fuego refinador. Necesitamos saber cómo ser sacerdotes y cómo ofrecer sacrificios espirituales (nuestras vidas) para la causa de Cristo.

Haz de esto tu objetivo mientras reflexionas acerca del templo de Dios y de la gloria que lo llena. Recuerda, hoy en día tú eres el templo de Dios, y Él te llena con Su Espíritu.

DÉCIMO TERCERA SEMANA

La Tierra Prometida

Dios prometió la tierra a Abraham y sus descendientes. Él mantuvo aquella promesa pasándola a Isaac y Jacob (Israel). Después que la familia de Jacob fuera a Egipto y se volviera una nación, Dios los devolvió a la tierra prometida y distribuyó a los descendientes de Jacob formando las doce tribus de Israel. Dios les prometió larga vida en esa tierra si le obedecían, y les prometió que los echaría de ella si desobedecían y si adoraban a los ídolos. Él mantuvo Su promesa y los sacó de la tierra, usando a Asiria y a Babilonia para llevarlos cautivos. Pero Dios prometió a Israel y Judá que los devolvería a ella; y cuando Él mantiene su promesa, las cosas no quedan igual… todo cambiará.

PRIMER DÍA

Lee Ezequiel 44 marcando las palabras y frases clave de tu separador. Haz una lista de las responsabilidades de los sacerdotes y nota quién de los descendientes de Aarón ministrará ante Dios.

Compara los siguientes versículos con Ezequiel 44 y anota lo que aprendes:

Éxodo 28: 40-43

Éxodo 29: 9,42-46

Levítico 10:8-10

Levítico 21:1-13

Deuteronomio 17:8-9

Hay otros muchos pasajes que podríamos ver; los cuales describen a los sacerdotes y sus responsabilidades, pero estos son suficientes para que puedas entender de dónde vienen los mandatos en Ezequiel.

Anota el tema de Ezequiel 44 en el PANORAMA DE EZEQUIEL.

SEGUNDO DÍA

Lee Ezequiel 45 y marca las palabras y frases clave. Haz una lista de lo que se le hará a los príncipes y lo que ellos harán.

Lee Levítico 23 y compáralo con los banquetes en Ezequiel 45:18-25. Fíjate en las diferencias. Si tienes tiempo y te interesa, compara las ofrendas de Levítico 1-5 con las de Ezequiel 45:13-17.

Finalmente, anota el tema de Ezequiel 45 en el PANORAMA DE EZEQUIEL.

TERCER DÍA

Lee Ezequiel 46 y marca las palabras y frases clave. Haz una lista de las responsabilidades del príncipe. Debes saber que no encontrarás pasajes paralelos en el Pentateuco, porque la ley de Moisés no incluía ni rey terrenal ni un príncipe sobre Israel. Dios era su rey. Fue tiempo después que Dios les concedió tener el rey que ellos habían demandado tener.

Lee Deuteronomio 17:14-20 y 1 Samuel 15. Saúl fue el primer rey de Israel, y su reino fue un desastre. En general, los reyes que le siguieron se parecieron mucho a él. David fue excepcionalmente bueno, pero no fue perfecto; y su hijo Salomón tuvo muchas esposas extranjeras que desviaron su corazón de Dios y lo acercaron a los ídolos de ellas. Posteriormente, todos los reyes del reino del norte (Israel) y la mayoría de los reyes del reino del sur (Judá) se alejaron de los mandamientos del Señor.

Para finalizar, anota el tema de Ezequiel 46 en el PANORAMA DE EZEQUIEL.

CUARTO DÍA

Lee Ezequiel 47 y marca las palabras y frases clave. Marca *heredad*[12] *(herencia)* pero no la agregues a tu separador. Marca también todos los lugares.

Haz una lista de los límites de la tierra. Compáralos con los límites dados en Génesis 15:18-21 y Éxodo 23:31. También puedes estudiar los límites en Josué 13-19, los cuales veremos mañana cuando estudiemos los límites de cada tribu.

Finalmente, anota el tema de Ezequiel 47 en el PANORAMA DE EZEQUIEL.

QUINTO DÍA

Lee Ezequiel 48 y marca el capítulo como lo has venido haciendo hasta ahora.

Dios no solo dio detalles para el templo, el altar y los sacrificios, sino que también repartió la tierra. Consulta el cuadro LAS TRIBUS, LA PORCIÓN DE LOS PRÍNCIPES, LA CIUDAD, EL SANTUARIO, que está en el apéndice o haz tu propio dibujo de las herencias de las tribus.

Lee Josué 13-19 y toma notas de la ubicación de la herencia de cada tribu. Consulta el mapa titulado JOSUÉ: OCUPANDO LA TIERRA PROMETIDA que está en el apéndice.

Una de las frases más importantes de este capítulo está en el versículo 35, donde la ciudad es llamada *Yejová Shammá* (El Señor [está] allí). Considerando todo lo que has visto en Ezequiel acerca de la gloria del Señor, medita en el significado que tiene aquel nombre de la ciudad.

Anota el tema de Ezequiel 48 en el PANORAMA DE EZEQUIEL.

SEXTO DÍA

Llegamos al final de nuestro estudio; juntos hemos revisado 48 capítulos, y es hora de unir todo lo que vimos. Por un lado, es emocionante llegar al final de un libro tan largo. Por otro lado, nos entristece que estemos llegando al final de compartir este libro tan glorioso. Fue un gran privilegio explorar el libro de Ezequiel contigo. Estamos seguros que muchos versículos permanecerán en tu memoria para siempre; y a pesar de que no podemos entender todo lo que está en Ezequiel, sí podemos estar firmes en aquello que entendemos; así que regocíjate.

Ahora consulta el PANORAMA DE EZEQUIEL. Si anotaste los capítulos como te lo hemos sugerido durante estas 13 semanas, entonces el cuadro ya estará casi completo. Ahora sabes quién es el autor, así que agrega su nombre. También sabes las fechas del libro por el cuadro LOS PRÍNCIPES Y LOS PROFETAS DE LA ÉPOCA DE EZEQUIEL. Conoces el propósito del libro por las visiones que Ezequiel recibió y los mensajes que llevó. Entonces ahora deberías dedicar un tiempo para pensar de qué forma concisa puedes completar estos elementos en el cuadro.

Otra cosa que no has escrito aún en este cuadro es el tema del libro; el cual debe ser una declaración general del mensaje del libro y su propósito. Ya hemos visto palabras y frases clave repetidas a través del libro, y no solo en uno o varios capítulos, y ellas también te dan la idea principal del libro. Así que toma tu tiempo y piensa cómo puedes expresar la idea principal del libro.

Lo último que debes completar son las columnas llamadas "División por Secciones". Estas columnas son para que puedas identificar las secciones (que a veces son tan largas que abarcarán varios capítulos) que cubren un tema específico.

En las últimas 13 semanas hemos mencionado varios segmentos. Si no los marcaste, entonces este es el momento de hacerlo; pues te ayudará a solidificar tu entendimiento de la estructura del libro.

Un segmento nuevo puede comenzar de distintas maneras. A veces brotan de un tema nuevo (por ejemplo un mensaje profético), a veces por una nueva audiencia, a veces por una referencia de tiempo, y a veces por un cambio geográfico. Tú ya has visto todo esto, así que deberías anotar estas divisiones en la columna correspondiente. Estos tan solo son ejemplo y puede que encuentres formas diferentes de cómo dividir el libro en segmentos. Meditar sobre cada capítulo y examinar el contenido es una forma excelente de repasar y concluir el estudio.

SÉPTIMO DÍA

Guarda en tu corazón: Ezequiel 48:35b
Lee y discute: Ezequiel 44-48 (elige las partes que vas a leer; no leas todos los versículos).

Preguntas para la Discusión o Estudio Individual

☙ Discute todo lo que aprendiste de los príncipes y sus ofrendas.

☙ ¿Qué aprendiste acerca de los límites de la tierra y de la herencia de cada tribu? ¿Cuáles son las semejanzas y diferencias con respecto a las de Josué?

- ¿Qué aprendiste de la ciudad, el santuario y las porciones de los príncipes y los líderes?

- Discute sobre el tema y las divisiones del libro.

- ¿Qué principios aprendiste en estas 13 semanas que puedas aplicar en tu vida? (Permite suficiente tiempo para discutir y concluir).

Pensamiento para la Semana

Desde que Dios hizo el pacto con Abraham, Dios mencionó la tierra prometida muchas veces en Sus mensajes de ánimo y advertencias a Su pueblo. En Génesis puedes rastrear la promesa hasta Abraham (12:1-3; 13:14-17; 15:1-21; 17:1-8), Isaac (17:19: 21:10; 24:7 25:5; 26:3), y Jacob (28:13-14; 46:2-4).

Recordarás que los límites están referidos en la Escritura; y esos límites están muy cerca de los actuales límites del moderno estado de Israel. Algo que resalta en la promesa de Abraham es que la posesión era eterna. Lo otro que sobresale es que la tierra pasa de Abraham a Isaac, y no a Ismael, y Jacob (el hijo de Isaac cuyo nombre fue cambiado a Israel) no a Esaú. Finalmente, Dios le dijo a Abraham y a sus descendientes que nunca vendieran la tierra.

La historia del Antiguo Testamento registra, sin embargo, que poderes extranjeros invadieron la tierra y expulsaron a los israelitas (llamados "judíos" después del cautiverio babilónico porque eran el remanente de Judá). Después de estas invasiones, otra gente vivió en la tierra y reclamó su propiedad para sus familias durante cientos de años.

Después de la segunda guerra mundial y de la matanza de seis millones de judíos en el holocausto nazi, las Naciones Unidas votaron a favor de establecer una tierra permanente para los judíos en la tierra que en ese momento se llamaba Palestina. El nombre *Palestina* es la forma inglesa del nombre que el emperador romano Adriano le dio a la tierra después de la rebelión de Bar-Kojba en el año 135 d.C. Él le cambió el nombre a la provincia de Judea (transliteración latina de Judá) a Siria-Palestina – "Siria de los palestinos" Y así el nombre Palestina permaneció desde aquel tiempo. Después de expulsar a los Turcos Otomanos en la primera guerra mundial, Gran Bretaña recibió el mandato de gobernar Palestina, la cual estaba habitada en su mayoría por árabes.

Desde fines del siglo 19, los judíos han estado volviendo a la tierra; pero la decisión de las Naciones Unidas fue de establecer y aceptar a Israel legalmente como nación; como una nación llamada Israel, en la tierra prometida a Abraham.

Hoy en día existen muchas controversias: ¿Quién debería vivir en cada lugar de la región? ¿Quién debería gobernar? ¿Debería haber uno o dos estados? ¿Dónde debería estar la capital? Pero nosotros sabemos que la Biblia nos dice a quién le pertenece la tierra – a quién se la dio Dios. También sabemos que al final, de acuerdo con Ezequiel, será nuevamente de Israel a pesar de los desacuerdos que vemos en la actualidad.

Si tenemos que elegir de qué lado estar – del de Dios o del hombre - ¿Cuál elegiremos? ¿Qué le sucedió a Judá cuando le dio la espalda a la Palabra de Dios? ¿Qué le dijo Dios a Abraham en Génesis 12? "Bendeciré a los que te bendigan, Y al que te maldiga, maldeciré. En ti serán benditas todas las familias de la tierra" (Génesis 12:3).

Todas las familias de la tierra han sido ya bendecidas. Jesús, la semilla prometida de Adán a través de Abraham, Isaac, Jacob, y Judá, ha provisto redención de la paga del pecado. Él nos ha dado un camino para que hoy seamos libres de la esclavitud al pecado, y para un día ser libres de su presencia para siempre.

Apéndice

⁓⁓⁓⁓

Los Príncipes y Profetas de la Época de Ezequiel...... 111
El Calendario Judío.. 112
El Exilio de Judá a Babilonia................................. 113
El Templo de Salomón.. 114
Las Naciones de las Profecías de Ezequiel.............. 115
La Naciones de Ezequiel 38 y 39........................... 116
Las puertas del Templo de Ezequiel...................... 117
El Templo de Ezequiel... 118
El Altar... 119
Las Tribus, la Porción de los Príncipes, la Ciudad, el Santuario.. 120
Josué: Ocupando la Tierra Prometida.................. 121
Panorama de Ezequiel... 122

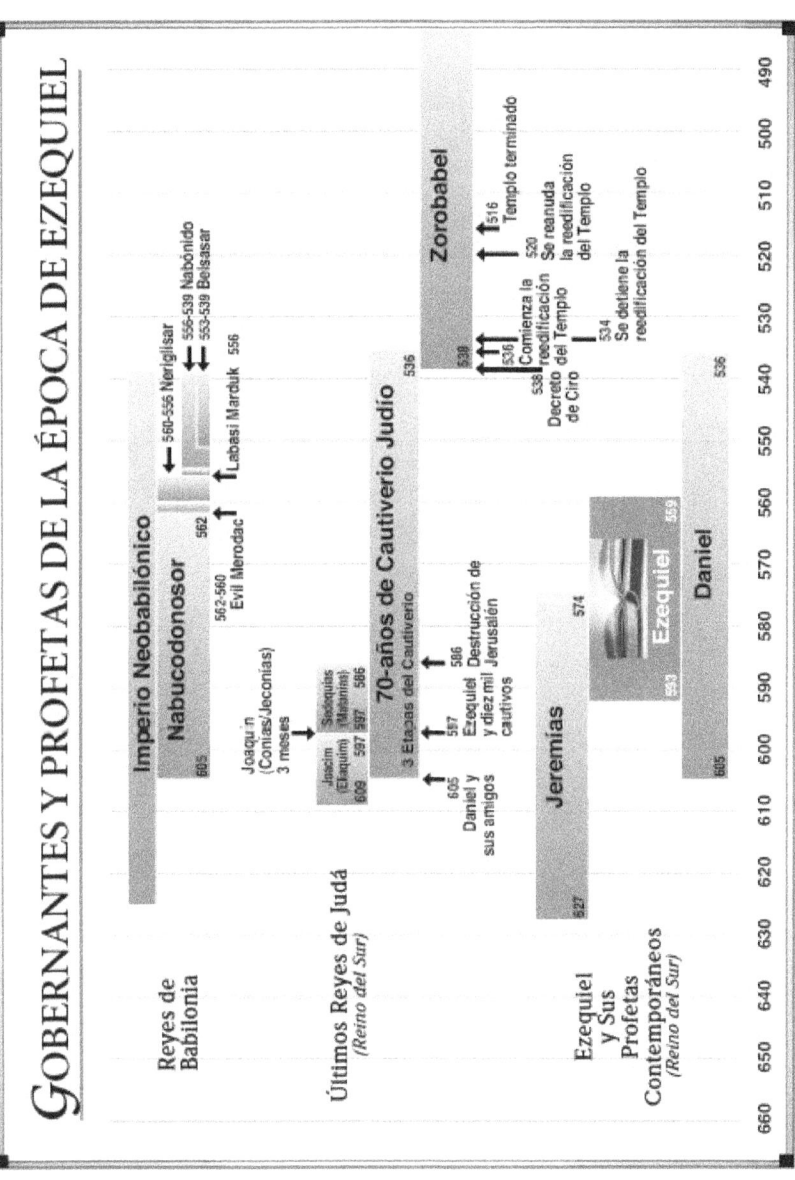

El Calendario Judío

En la actualidad todavía se emplean los nombres Babilónicos (B) para los meses en el calendario Judío. Se emplearon los nombres Cananeos (C) antes del cautiverio Babilónico en 586 a.C. Se mencionan cuatro de ellos en el Antiguo Testamento. **Adar-seni** es un mes intercalado cada dos o tres años, o siete veces en 19 años.

Mes 1	Mes 2	Mes 3	Mes 4
Nisán (B) Abib (C) Marzo-Abril	Ijar (B) Ziv (C) Abril-Mayo	Sivan (B) Mayo-Junio	Tammuz (B) Junio-Julio
Mes 7	*Mes 8*	*Mes 9*	*Mes 10*
Mes 5	**Mes 6**	**Mes 7**	**Mes 8**
Ab (B) Julio-Agosto	Elul (B) Agosto-Septiembre	Tisri (B) Etanim (C) Septiembre-Octubre	Maresván (B) Bul (C) Octubre-Noviembre
Mes 11	*Mes 12*	*Mes 1*	*Mes 2*
Mes 9	**Mes 10**	**Mes 11**	**Mes 12**
Quisleu (B) Noviembre-Diciembre	Tebeth (B) Diciembre-Enero	Shebat (B) Enero-Febrero	Adar (B) Febrero-Marzo
Mes 3	*Mes 4*	*Mes 5*	*Mes 6*

El calendario sagrado aparece en negro • El calendario civil aparece en gris

El Exilio de Judá a Babilonia

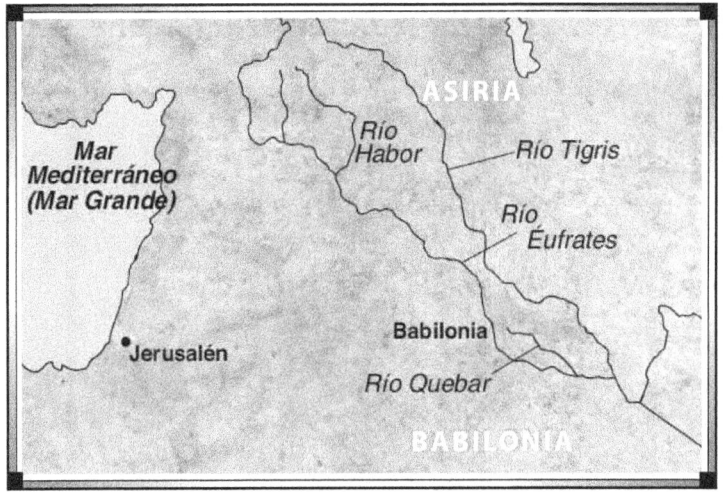

El Templo de Salomón

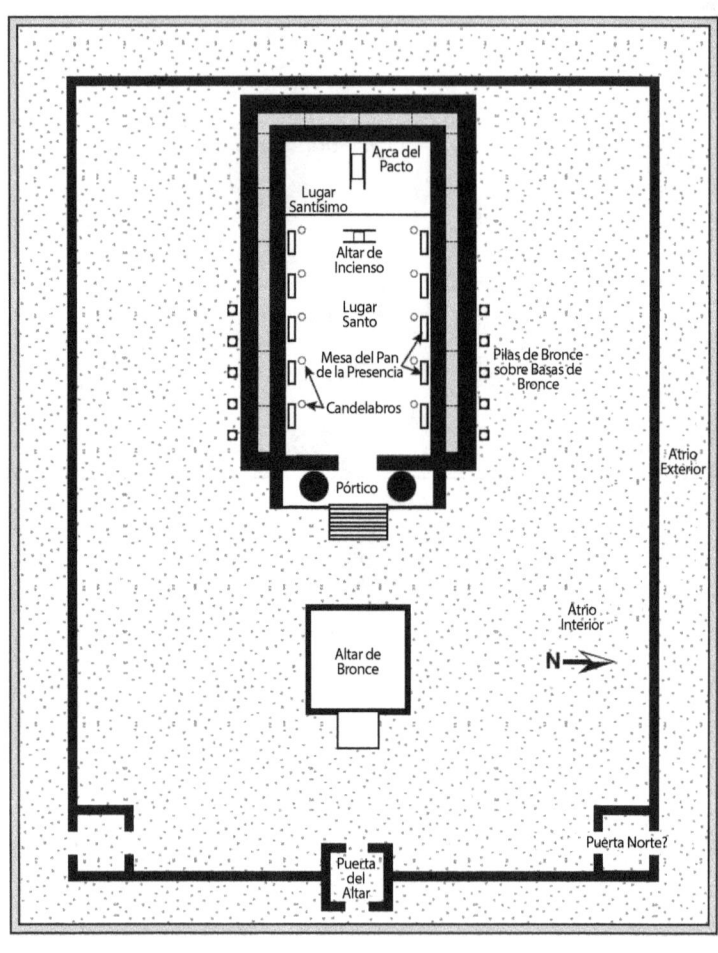

Las Naciones de las Profecías de Ezequiel

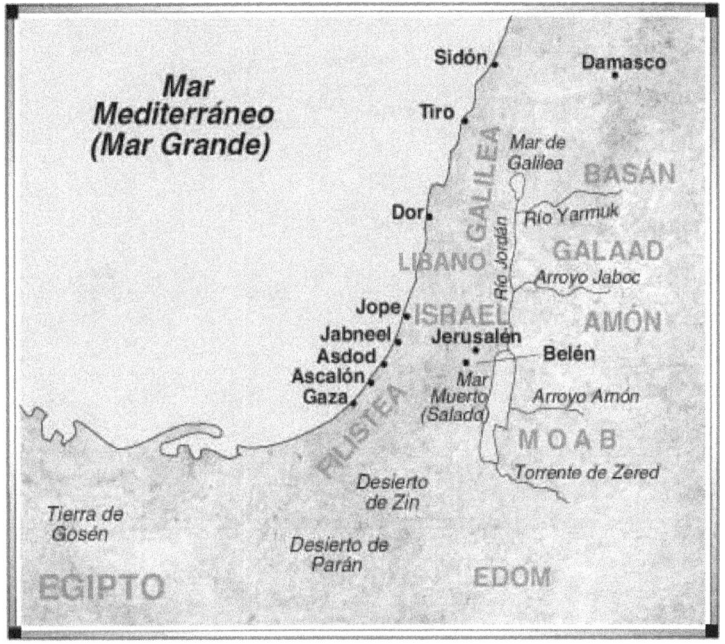

116 APÉNDICE

Las Naciones de Ezequiel 38 y 39

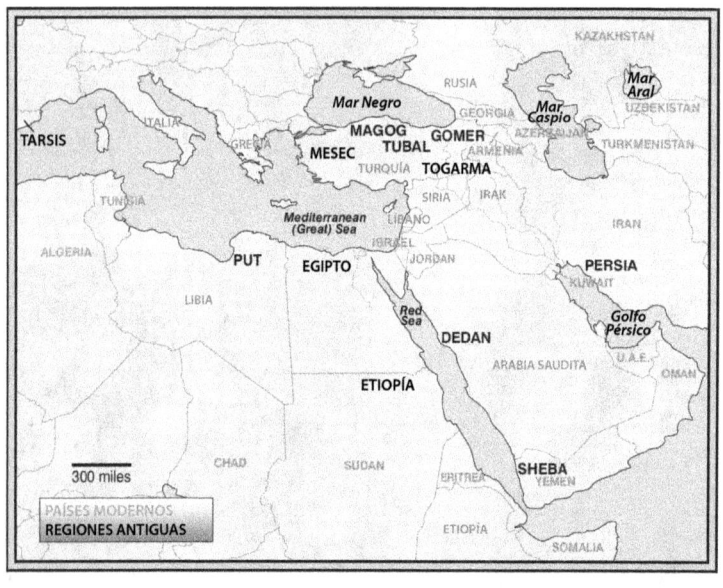

Las Puertas del Templo de Ezequiel

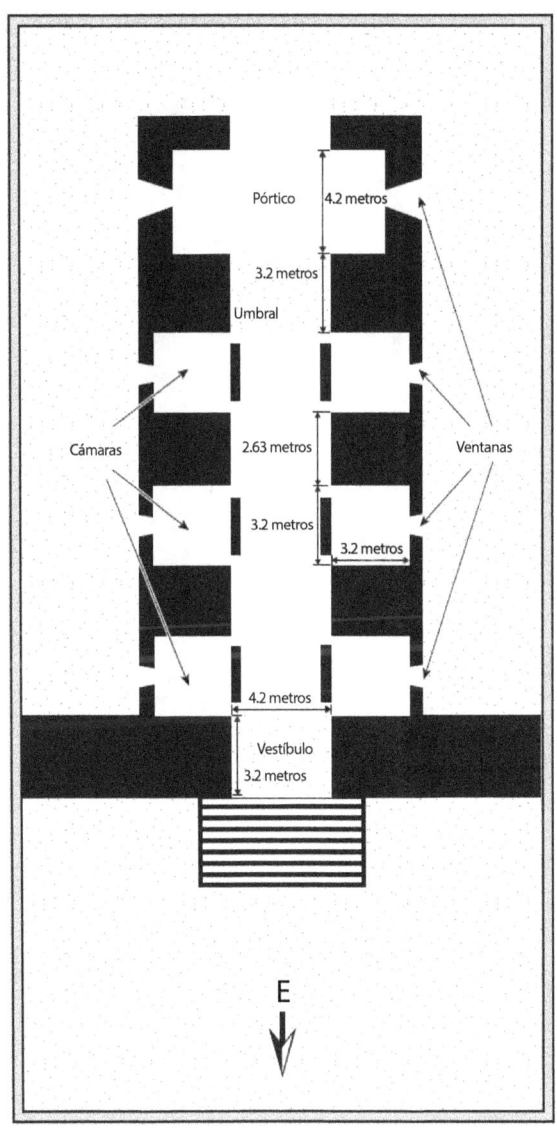

El Templo de Ezequiel

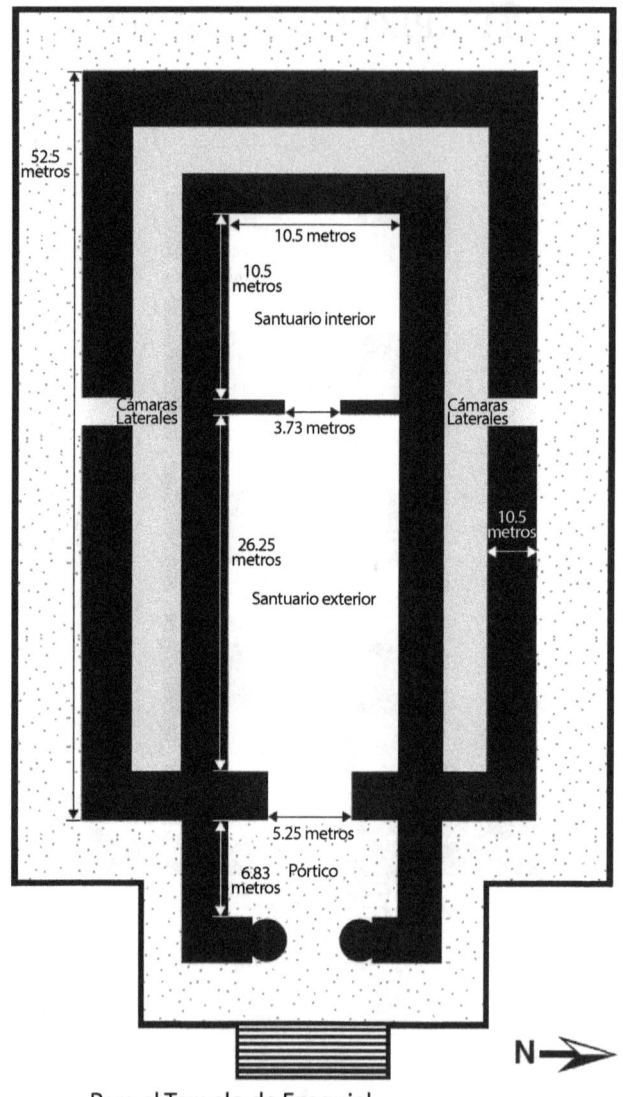

Para el Templo de Ezequiel
1 codo = 52.5 centímetros
ejemplo: 1 codo + un palmo menor (Ez. 40:5)

APÉNDICE 119

El Altar

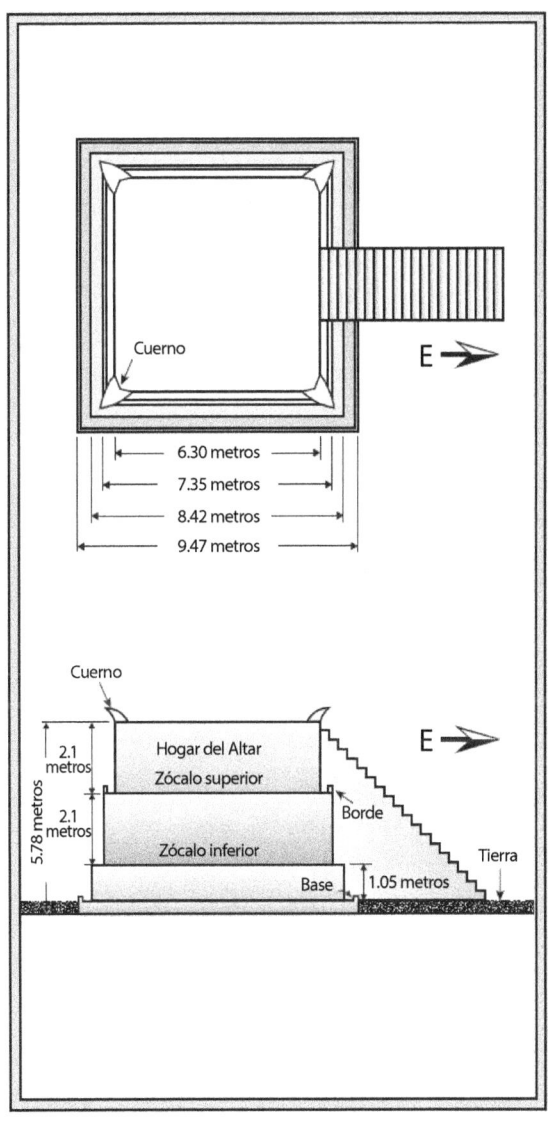

Las Tribus, la Porción de los Príncipes, la Ciudad, el Santuario

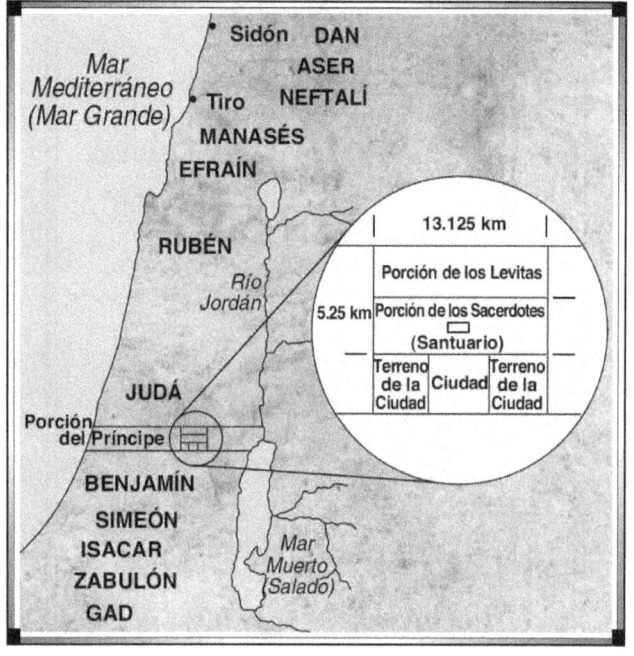

Josué: Ocupando la Tierra Prometida

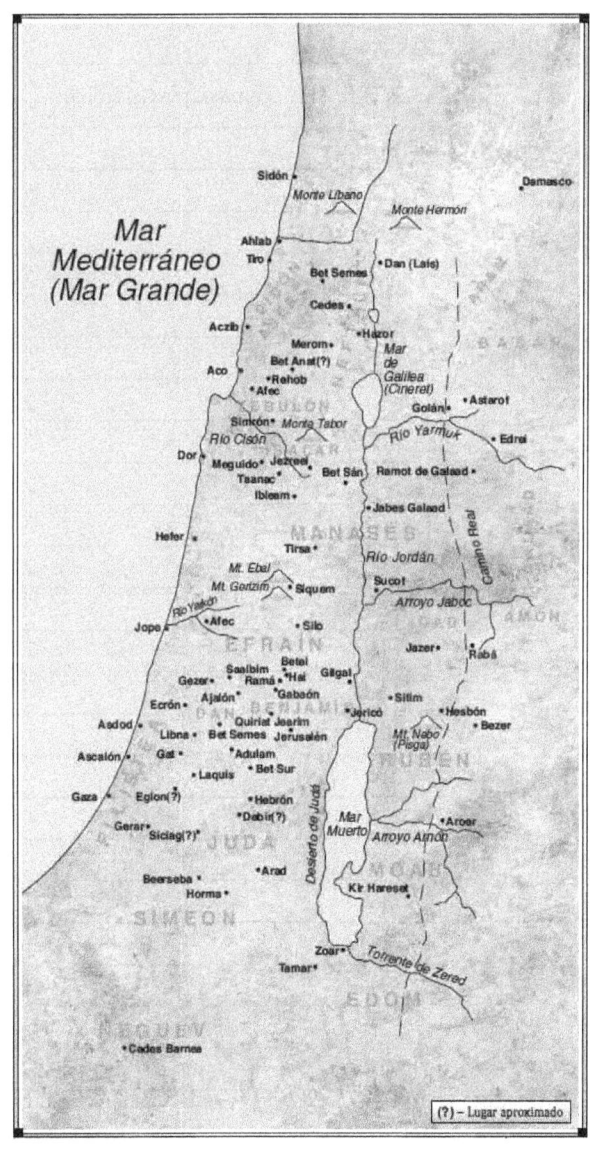

Panorama de Ezequiel

Tema de Ezequiel:

Autor:	División por Secciones			
				Temas de los Capítulos
Fecha:			1	
			2	
Propósito:			3	
			4	
Palabras Clave:			5	
			6	
Las Palabras del Señor			7	
Profecía			8	
Hijo del hombre			9	
Pacto				
Visión(es)			10	
La gloria de Dios (del Señor)			11	
			12	
Espíritu			13	
Sabrán que soy el Señor				
			14	
Iniquidad (pecado)			15	
Rebeló (rebeldía)			16	
Espada			17	
Ira				
Montaña(s)			18	
Corazón			19	
Prostituta (prostitución, adulterio)			20	
Sangre			21	
Santuario (templo)			22	
El día del Señor			23	
			24	

Panorama de Ezequiel

División por Secciones			
			Temas de los Capítulos
		25	
		26	
		27	
		28	
		29	
		30	
		31	
		32	
		33	
		34	
		35	
		36	
		37	
		38	
		39	
		40	
		41	
		42	
		43	
		44	
		45	
		46	
		47	
		48	

Notas

1. RV: una semejanza que parecía de hombre; NVI: una figura de aspecto humano
2. RV: amonestarás; NVI: adviértele
3. RV: impío; NVI: malvado
4. RV: maldad; NVI: pecado
5. RV: resto; NVI: algunos
6. NVI: alianza
7. NVI: malvado
8. RV: convertíos
9. NVI: paganos
10. RV: afrenta; NVI: deshonra
11. RV: palo
12. NVI: herencia

Acerca De Ministerios Precepto Internacional

Ministerios Precepto Internacional fue levantado por Dios para el solo propósito de establecer a las personas en la Palabra de Dios para producir reverencia a Él. Sirve como un brazo de la iglesia sin ser parte de una denominación. Dios ha permitido a Precepto alcanzar más allá de las líneas denominacionales sin comprometer las verdades de Su Palabra inerrante. Nosotros creemos que cada palabra de la Biblia fue inspirada y dada al hombre como todo lo que necesita para alcanzar la madurez y estar completamente equipado para toda buena obra de la vida. Este ministerio no busca imponer sus doctrinas en los demás, sino dirigir a las personas al Maestro mismo, Quien guía y lidera mediante Su Espíritu a la verdad a través de un estudio sistemático de Su Palabra. El ministerio produce una variedad de estudios bíblicos e imparte conferencias y Talleres Intensivos de entrenamiento diseñados para establecer a los asistentes en la Palabra a través del Estudio Bíblico Inductivo.

Jack Arthur y su esposa, Kay, fundaron Ministerios Precepto en 1970. Kay y el equipo de escritores del ministerio producen estudios **Precepto sobre Precepto,** Estudios **In & Out**, estudios de la **serie Señor**, estudios de la **Nueva serie de Estudio Inductivo**, estudios **40 Minutos** y **Estudio Inductivo de la Biblia Descubre por ti mismo para niños.** A partir de años de estudio diligente y experiencia enseñando, Kay y el equipo han desarrollado estos cursos inductivos únicos que son utilizados en cerca de 185 países en 70 idiomas.

Movilizando

Estamos movilizando un grupo de creyentes que "manejan bien la Palabra de Dios" y quieren utilizar sus dones espirituales y talentos para alcanzar 10 millones más de personas con el estudio bíblico inductivo.
Si compartes nuestra pasión por establecer a las personas en la Palabra de Dios, te invitamos a leer más. Visita **www.precept.org/Mobilize** para más información detallada.

Respondiendo Al Llamado

Ahora que has estudiado y considerado en oración las escrituras, ¿hay algo nuevo que debas creer o hacer, o te movió a hacer algún cambio en tu vida? Es una de las muchas cosas maravillosas y sobrenaturales que resultan de estar en Su Palabra – Dios nos habla.

En Ministerios Precepto Internacional, creemos que hemos escuchado a Dios hablar acerca de nuestro rol en la Gran Comisión. Él nos ha dicho en Su Palabra que hagamos discípulos enseñando a las personas cómo estudiar Su Palabra. Planeamos alcanzar 10 millones más de personas con el Estudio Bíblico Inductivo.

Si compartes nuestra pasión por establecer a las personas en la Palabra de Dios, ¡te invitamos a que te unas a nosotros! ¿Considerarías en oración aportar mensualmente al ministerio? Si ofrendas en línea en **www.precept.org/ATC**, ahorramos gastos administrativos para que tus dólares alcancen a más gente. Si aportas mensualmente como una ofrenda mensual, menos dólares van a gastos administrativos y más van al ministerio.
Por favor ora acerca de cómo el Señor te podría guiar a responder el llamado.

Compra Con Propósito
Cuando compras libros, estudios, audio y video, por favor cómpralos de Ministerios Precepto a través de nuestra tienda en línea (**http://store.precept.org/**) o en la oficina de Precepto en tu país. Sabemos que podrías encontrar algunos de estos materiales a menor precio en tiendas con fines de lucro, pero cuando compras a través de nosotros, las ganancias apoyan el trabajo que hacemos:

- Desarrollar más estudios bíblicos inductivos
- Traducir más estudios en otros idiomas
- Apoyar los esfuerzos en 185 países
- Alcanzar millones diariamente a través de la radio y televisión
- Entrenar pastores y líderes de estudios bíblicos alrededor del mundo
- Desarrollar estudios inductivos para niños para comenzar su viaje con Dios
- Equipar a las personas de todas las edades con las habilidades es estudio bíblico que transforma vidas

Cuando compras en Precepto, ¡ayudas a establecer a las personas en la Palabra de Dios!

www.ingramcontent.com/pod-product-compliance
Lightning Source LLC
Chambersburg PA
CBHW071518040426
42444CB00008B/1698